MERIAN *live!*

Spreewald

Fritz R. Glunk

GU GRÄFE UND UNZER

Eine Kahnpartie ist der natürlichste Weg, den Spreewald zu erkunden

Inhalt

Willkommen im Spreewald

Den Spreewald erleben

Sehenswerte Orte und Ausflugsziele

Routen und Touren

Wichtige Informationen

Karten und Pläne

Still ziehen sich die Wasserwege der Spree durch den Erlenwald, wie vor tausend Jahren, als auf den grünen Inseln eine eigenwillige Lebensform entstand.

Nur eine Autostunde südöstlich von Berlin, in der Niederlausitz, liegt, rings umgeben vom märkischen Sand und seinen Kiefernwäldern, wie ein Urwald die Wasser- und Insellandschaft des Spreewalds. Auf der ganzen Welt findet man einen solchen Naturraum kein zweites Mal.

Nachdem die Spree Cottbus verlassen hat, knickt sie nach Westen ab. An dieser Stelle, nun parallel zu der von Peitz herkommenden Malxe, teilt sie sich plötzlich in ein ausuferndes Delta, 16 Kilometer breit und 30 Kilometer lang: ein weites Netz von Seitenarmen, Kanälen, Bächen und schmalen Rinnsalen, kleinen Buchten und Landeplätzen, wild überwucherten Nebengewässern und Stichgräben, immer neuen Ab- und Zuflüssen, oft gewundenen, dann wieder langen, schnurgeraden Läufen – ein schier undurchdringliches Labyrinth stehender und fließender Wasseradern. An der Engstelle bei Lübben vereinen sich alle vorübergehend wieder zu einem Fluß, aber gleich dahinter fächert sich die Spree noch einmal auf

Im Spreewald braucht niemand ein Auto, hier hat man seinen Kahn

und bildet ein neues Geflecht verschlungener, verschwiegener Wasserarme, das sich 20 Kilometer nach Norden hinzieht.

Dieser »andere«, schmalere Spreewald zwischen Lübben und dem Neuendorfer See heißt Unterer Spreewald, dementsprechend wird die flußaufwärts gelegene Auenlandschaft zwischen Burg und Lübben Oberer Spreewald genannt. Nicht selten jedoch, obwohl eigentlich falsch, ist mit der Bezeichnung »Spreewald« ausschließlich der obere Teil gemeint, und der Untere Spreewald wird oft nur als der »kleine Bruder« angesehen, wenn nicht gar unterschlagen. Das geriet ihm zum Vorteil: Während in Lübbenau jährlich eine Million Besucher in die Kähne drängt, ist der Untere Spreewald nie überlaufen.

Im Urstromtal

Dem eiligen Besucher kommt die gesamte Landschaft flach und eben vor. Tatsächlich aber befindet er sich im Tal eines Riesenflusses der Vorzeit, im sogenannten Baruther Urstromtal. An seinen Ufern schoben die Gletscher der aufeinanderfolgenden Eiszeiten gewaltige Erdmassen hoch, so die Lieberoser Endmoräne nördlich des Oberspreewalds oder die Krausnicker Berge am Ostrand des Unteren Spreewalds. Die Wassermassen der später abschmelzenden Eisdecke schürften sich die Ur-Rinne zu ihrem Abfluß aus. Sie schleppten bald ungeheure Mengen Sand mit sich und lagerten ihn unterwegs zu Schwemmsandinseln ab (so bildeten sich die »Kaupen« genannten Erhöhungen, auf denen heute Burg mit dem Ortsteil Kauper liegt). Die urzeitlichen Westwinde transportierten außerdem aus den eisfreien Gebieten Flugsand herbei und häuften ihn im Tal zu hohen Binnendünen auf, die im Unteren Spreewald den Lauf der Flußarme bestimmten, speziell am Neuenburger See den auffälligen Spree-Knick nach Osten.

Jeder Spreewälder ist sein eigener Kapitän

In dem so beschaffenen Erosionstal suchte sich nun die Spree ihre neuen Wege. Sie konnte gar nicht anders, als sich überallhin zu verzweigen, denn sie hatte kaum Gefälle vor sich: Burg liegt 55, Lübbenau flußabwärts nur 50 Meter über dem

Meer; das ergibt einen Höhenunterschied von lediglich 20 Zentimetern pro Kilometer.

Ein derart ebenes und immer wieder vom Hochwasser überflutetes Flußgebiet führte natürlicherweise zur Bildung von Sumpf- und Moorböden, die sich an vielen Stellen zu Torfschichten weiterentwickelt haben. In dem so verdichteten Untergrund konnten dann zwar die spreewaldtypischen Bruchwälder, aber kaum noch Kulturpflanzen gedeihen. Kein Bauer bringt es auf diesem armen Boden zu Reichtum. Ein anderes Wachstumshemmnis waren die Einlagerungen von Raseneisenerz. An einigen Stellen wurde es sogar mit Gewinn abgebaut und lieferte den Rohstoff für die »Eisenhämmer« in Peitz (nördlich von Cottbus) und Schlepzig im Unterspreewald. Das im Raseneisenerz enthaltene Vivianit, das sich an der Luft leuchtend blau verfärbt, wurde noch in diesem Jahrhundert für den Anstrich der Spreewaldhäuser verwendet.

Dunstige Niederung

Wegen seiner geringen Höhenunterschiede herrscht im Spreewald mehr oder weniger dasselbe kontinentale Makroklima wie in seiner weiteren Umgebung, wenn auch mit kleinräumigen Varianten.

Obwohl die Niederung der Spree etwas tiefer liegt, hat sie dennoch vergleichsweise zu tiefe Wintertemperaturen und zahlreiche Frostperioden. Gründe dafür sind der moorige Untergrund, der ein schlechter Wärmeleiter ist, und die hohe Verdunstung der pflanzenreichen Inseln, die einen großen Teil der Sonnenenergie

Die Spreewälder Gurken werden nach bewährten Rezepten eingelegt

verbraucht. Deshalb liegen die mittleren Temperaturen im Oberen Spreewald immer etwa um 0,5 Grad unter denen etwa von Cottbus. Mit anderen Worten: Es ist fast immer kühl unter dem Laubdach der Fließe.

Da der tiefer liegende Spreewald auf der Leeseite der westlichen Winde liegt, fallen hier weniger Niederschläge als außerhalb. In Cottbus beispielsweise regnet es 589 Millimeter pro Jahr, in Burg aber nur 542, in Lübbenau 516, in Lübben nur noch 513, in Schlepzig, am Nordrand gelegen, wiederum 532 Millimeter. Trotzdem ist der Spreewald kein Trockengebiet. Das ist eigentlich selbstverständlich bei einer Gewässerfläche von 115 Quadratkilometern, die jeden Tag die unvorstellbare Menge von 866 000 Kubikmetern Wasser als Dunst in die umgebende Luft abgibt. In niederschlagsarmen Zeiten kann der Spreewald damit drei Viertel seines Zustroms verdunsten. Bei so hoher Feuchtigkeit sind Bodennebel typisch, besonders im Frühjahr und im Herbst, Gewitter aber äußerst selten.

Die Menschen am Fluß

Etwas zu Unrecht trägt die wasserreiche Region der Lausitz ihren Namen, der sich von dem alten Wort **luza** (Sumpf, Pfütze) ableitet. Das Wort stammt aus der Sprache der ursprünglich slawischen Sorben oder Wenden. Sie siedelten im 4. Jahrhundert in der Lausitz und unterhielten frühe Handelsbeziehungen vom Orient bis nach Skandinavien. Vor der späteren, oft gewaltsamen Christianisierung flüchteten viele in das unzugängliche, dicht bewaldete Refugium des Spreewalds. Die Sorben waren stille, bescheidene Menschen, Bauern, die das rauhe Leben auf den Inseln geduldig meisterten, ihre Sitten und Bräuche pflegten und im übrigen jeder Obrigkeit fügsam blieben. In mühsamer Arbeit schufen sie jene Landschaft, die der Tourist heute wie einen Park genießt. Sie gruben Kanäle, rodeten den eiszeitlichen Erlenwald, legten Wiesen und Felder an und bauten sich spezielle Kähne, das früher einzig mögliche Verkehrsmittel im Spreewald. Im Lauf der Germanisierung aber, von Karl dem Großen bis zum Dritten Reich und der DDR, wurden die Sorben immer weiter zurückgedrängt, so daß jetzt nur mehr knapp 40 000 von ihnen hier leben, vor allem im östlichen Oberspreewald. Aber noch heute zeigen die oft zweisprachigen Ortsschilder ihre historische Bedeutung. Auch die sogenannte »Spreewälder Tracht« kommt geradewegs von den Sorben her, ganz zu schweigen von den neuerdings wiederauflebenden Bräuchen, etwa beim Erntedankfest.

Die Fließe des Teufels

Abgesehen von den neueren Kanälen nennen die Spreewälder ihre Gewässer zumeist »Fließ« und den Spreewald liebevoll ihren »Pusch«. Die unberechenbar, wie lebendig an- und ab-

Eine Landschaft für Romantiker:
Abendstimmung über dem Spreewald

schwellenden Fließe auf ihrem dunklen Gang unter den Laubarkaden der Erlen und Ulmen haben schon früh die Phantasie zu allerlei Sagen und Märchen angeregt.

Entstanden sind die Fließe, so wird erzählt, durch einen Wutausbruch des Teufels, den man sich natürlich ebenfalls als Bauern dachte: Eines Tages pflügte er seine Felder, als seine Ochsen plötzlich nicht mehr weitergingen. Da schlug er zornig mit der Peitsche auf sie ein. Die erschrockenen Tiere rannten los, im Galopp kreuz und quer übers ganze Feld, den Pflug immer noch in der Erde hinter sich herziehend. Und damit, so das Ende der Geschichte, hoben sie im Lauf die aberhundert wirren Gräben aus, die sich später mit Wasser füllten und heute das Netz der Fließe bilden.

Der auf dem Grund der Fließe lebende Wassermann war dagegen eher ein gutmütiges Wesen. Oft besuchte er die Menschen in ihren Dörfern (man konnte ihn leicht am nassen Mantelsaum erkennen). Seine Töchter, die Nixen und Wasserjungfrauen, erschienen sogar manchmal beim Erntetanz und verdrehten den jungen Männern den Kopf.

Der gute Zauberer Krabat hielt zu den Armen und Leibeigenen. In Notzeiten brachte er ihnen zu essen, den Gutsherren aber spielte er immer wieder böse Streiche. Die Lutki (Lutchi, »Leutchen«), kleine Heinzelmännchen, die beim Ton der Kirchenglocken wie die Wiesel unter die Erde verschwanden, waren hilfreiche Geister bei der Hausarbeit. Manchmal liehen sie sich zum Beispiel einen Krug oder einen Backtrog aus, und wenn sie ihn

Auch die Post kommt hier übers Wasser – wie es sich gehört im gelben Kahn

zurückbrachten, bedankten sie sich mit einem Brotfladen. Die Hitze bei der Feldarbeit wurde zur Gestalt der weißgewandeten Psezponica verdichtet, der furchtbaren Mittagsfrau. Vor ihr rettete sich nur, wer ihr eine Stunde lang von Flachsanbau und Leinenherstellung erzählen konnte. Und tief unter dem Burger Schloßberg soll der alte Wendenkönig inmitten unermeßlicher Schätze weiterleben.

Die Sage vom Schlangenkönig spielt in die Familiengeschichte der Grafen von Lynar hinein, der Besitzer des Lübbenauer Schlosses. Als nämlich der Schlangenkönig wieder einmal seine Krone ablegte, um sich zu sonnen, wurde sie ihm von einem Förster gestohlen, der sich aufs Pferd warf und floh. Laut zischend verfolgten ihn alle Schlangen. Mit Mühe rettete er sich über eine Mauer. Von Stund an war er reich und mächtig und gründete das Lynarsche Grafengeschlecht.

Menschen mit dem »bösen Blick« konnten leicht jemanden »besprechen«, sogar das Vieh im Stall. Sie genossen aber auch hohes Ansehen, und jeder Kranke suchte zuerst die »weisen Frauen« auf. Sollte die Behandlung erfolgreich sein, so durfte sie nicht bezahlt werden. Ansonsten half gegen das Böse mancherlei Abwehrzauber, vor allem mit gewissen Kräutern, denen man »Kraft« zuschrieb. Das »Teufelsangesicht« zum Beispiel (Feldlöwenmaul) oder auch die wilde Malve mußten deswegen in eine Ritze über der Stalltür gesteckt werden. Magische Heilkräfte steckten auch im Johanniskraut und seinem roten Saft (dem »Johannisblut«). Die Pflanze mußte man aber durch das Fenster ins Haus werfen, erst dann wurde sie gegen unliebsame Geister an der Stubendecke aufgehängt. Brautleuten überreichte man glücks- und fruchtbringende Rosmarinblüten und Sellerieblätter. Zwiebel und Meerrettich aus dem eigenen Küchengarten waren gut gegen Husten und Rheuma. Aus dem ölhaltigen Wurzelstock des Kalmus machte man einen magenfreundlichen Kräuterlikör. Noch um 1900 lebte in Lübbenau eine berühmte Kräuter- und Besprechfrau, die nach altem Brauch mittags am Johannistag (24. Juni) ihre Gewächse pflückte.

Wiesen statt Wälder

Die ersten Siedler in der Niederung fanden noch einen ausgedehnten, zusammenhängenden Urwald vor. Aber dann begannen die Rodungen. Im Mittelalter verliehen Klosteräbte die »Freiheiten, alle Holzarten zu schlagen, Eschen, Eichen, Kiefern, Erlen und beliebiger Weise andere Hölzer«. Um die Mitte des vorigen Jahrhunderts hatte bereits die Hälfte des Waldes den Inselwiesen Platz gemacht. Zu DDR-Zeiten benützte man sogar Pionierpanzer und Hubschrauber im Holzeinschlag. Heute sind nur noch 15 Prozent des Gebiets von alten, hohen Bäumen bestanden, vor allem im Hochwald bei Alt Zauche. Nur hier kann man noch sehen, wie der ganze Spreewald einmal gewesen ist.

Der bedeutendste Waldbaum ist hier die Erle, die ja einen ausgesprochen nassen Boden liebt. Zu ihren Füßen wächst wilder Hopfen, auf den freieren Flächen die Schwarze Johannisbeere, die Sumpfschwertlilie und der lilarote Blutweiderich. Auf den nur feuchten Böden gedeiht eher ein Wald aus Stieleichen und Buchen; er ist aus dem Oberspreewald ganz verschwunden und nur noch bei Schlepzig im Revier Buchenhain zu finden. Hier fühlen sich auch anspruchsvollere Blütenpflanzen wohl, etwa Maiglöckchen, Waldmeister und Waldveilchen. Ist der Boden noch trockener, zum Beispiel am Rand des Spreewalds oder auch auf sandigen Talinseln, so entsteht der Stieleichen-Birkenwald, der aber auch viele Zitterpappeln und Ebereschen enthalten kann. In ihrem Schatten fühlt sich der dichtwachsende Adlerfarn wohl, ebenso, südlich von Lübben, das charakteristische Wald-Geißblatt. Im Innern des Spreewalds sind natürlich viele Weidenarten verbreitet, besonders auf stillgelegten Arealen, wo sie den Beginn der Wiederbewaldung kennzeichnen.

Die durch Rodung gewonnenen ärmeren Inselwiesen brachten oft nichts anderes als die Schlanksegge hervor, ein hartes, rauhes Gras, das nur als Streu zu gebrauchen war und heute kaum noch gemäht wird. Anders war es, wenn durch Überschwemmung der fruchtbare Schlick abgelagert wurde; dann bildete sich die Rohrglanzwiese heraus, die oft über und über von Sumpfdotterblumen bedeckt war. Das Rohrglanzgras galt als wertvolles Futter speziell für Pferde. Da seit der Spreeregulierung die Winterflutung jedoch ausbleibt (oder nur noch im Leipe-Lehde-Gebiet vorkommt), geht auch diese Wiesenform zurück. Sie wird heute, vom östlichen Spreewald her und bedingt durch die fortschreitende Grundwasserabsenkung, von der sogenannten Rasenschmielen-Wiese verdrängt. Die Rasenschmiele, ein knolliges, robustes Grasgewächs, erträgt nämlich auch längere Trockenzeiten. Im Hochsommer bilden ihre hellbraunen Rispenblüten eine typische Spreewaldfarbe.

An den Ufern der schneller strömenden Fließe entfalten sich allerlei Hahnenfuß- und Laichkraut-Gesellschaften sowie das Pfeilkraut, dessen tiefere Triebe der Tourist manchmal für »Wassergras« hält. In den stilleren Wiesenrandgräben blühen Seerosen (bis sie trotz aller Verbote gepflückt werden) und Gelbe Teichrosen. Immer wieder begegnet man verschiedenen Arten der Wasserlinse, die mit den zahllosen stecknadelkopfgroßen Knospen das Wasser bedeckt. Und die Ufer von Altwässern und verlandenden Fließen sind oft dicht mit Schilf-Röhricht bewachsen, in dem man mit etwas Glück auch den Kalmus findet, erkennbar an seiner gewellten Blattsprosse, die beim Zerreiben einen aromatischen Duft verströmt.

Schon an dieser Stelle sei erwähnt, daß der gesamte Spreewald als Biosphärenreservat unter einem strengen, wenn auch fein differenzierten Naturschutz steht.

Scheue Tierwelt

Wilde Tiere gibt es im Spreewald nicht mehr. Der letzte Bär wurde hier um 1650 geschossen, der letzte Wolf 1844. Ausgestorben sind der Auerochs, das Wildschwein und die Wildkatze seit Ende des 18. Jahrhunderts, der Elch seit 1746, Birkhuhn und Auerhahn seit den 30er Jahren des 20. Jahrhunderts. Aber für viele Tiere, auch für bedrohte wie Fischotter, Schwarzstorch und Wiedehopf, ist der Spreewald ein günstiger Lebensraum. Jedem Besucher fällt schon ab dem Monat Mai die bunte Vielfalt der 42 hier heimischen Libellenarten auf. Die unauffälligere Glänzende Smaragdlibelle kommt allerdings erst im Juni/Juli heraus. An diesem unteren Ende der Nahrungskette leben auch allerlei Mückenarten. Vor der Wende ging man mit der chemischen Keule auf sie los, spritzte aus Motorbooten die Ufer mit Insektiziden ab und zerstörte damit fast das ohnehin heikle Gleichgewicht der Natur. Heute wird der Besucher gebeten, sich an die kleinen Störer zu gewöhnen (was auch nicht schwer ist). Zusätzlich beleben einige seltene Schmetterlinge und zahlreiche Heuschrecken die blühenden Wiesenräume.

Berühmt war noch bis 1900 der Fischreichtum der Fließe. Aber auch heute werden hier noch viele Welse und Zander, Bar-

Neben gemeinen Gänsen leben zahlreiche seltene Vogelarten im Spreewald

sche und Karpfen gefangen. Der lange Zeit in seinem Bestand gefährdete, sehr menschenscheue Fischotter kommt allmählich wieder zurück. Er hat eine seltsame Angewohnheit: Zum Unterqueren einer Brücke verläßt er das Wasser, watschelt umständlich auf dem Uferstreifen darunter durch und gleitet erst wieder unter freiem Himmel in sein heimisches Element zurück. Leider bieten die Pfeiler moderner Straßenbrücken, die direkt im Wasser stehen, keinen derartigen Uferpfad mehr. Das zwingt den wandernden Fischotter, ungewohnterweise die Straße oben zu überqueren, und manchmal wird er dabei totgefahren.

Der Eisvogel ist geselliger: Nicht selten begleitet dieser »fliegende Edelstein« den ruhigen Kahnfahrer über das Fließ. Auch reglos stehende Graureiher lassen sich gern von fern beobachten, ebenso Graugänse und herbstliche Kranichschwärme auf ihrem Zug nach Süden. Gelegentlich lassen sich auch Seeadler nieder. In den letzten Jahren wurden sogar die Störche wieder ansässig. Manches Dorf ist stolz auf die Rückkehr »seines« Storches und hat ihm wieder einen neuen Nistplatz gebaut. Allerdings werden wegen der zurückgehenden Viehbestände manche Wiesen nicht mehr gemäht, liegen brach und verkrauten. Durch die aufsprießenden Büsche können dann auch die Störche nicht mehr auf Nahrungssuche gehen.

In der Abenddämmerung, wenn die Fledermäuse ihren Flug beginnen, wagen sich auch das vorsichtige Reh und manchmal stolze Rot- und Schwarzhirsche auf die Lichtungen.

Für die Fischotter ist der Autoverkehr lebensbedrohlich

Das Biosphärenreservat

Die UNESCO hat in ihrem Programm »Der Mensch und die Biosphäre« über 320 Gebiete in 110 Staaten der Welt zu Schutzgebieten erklärt. Eines davon ist seit 1990 der Spreewald mit einer Gesamtfläche von 484,6 Quadratkilometern. Die drei Ziele des Biosphären-Programms sind die Erhaltung der natürlichen Umwelt, ihre Erforschung und die Beobachtung ihrer Veränderung durch den Menschen. Zu diesem Zweck ist der Spreewald in vier Zonen eingeteilt.

In der Zone I (Kernzone) ist die Natur ganz sich selbst überlassen. Hier unterbleibt jede landwirtschaftliche oder auch touristische Nutzung. Zu dieser Zone gehören drei Flächen im inneren Oberspreewald und vier weitere um Schlepzig. Die Zone II (Naturschutzgebiet) ist durch Pflege- und Entwicklungspläne charakterisiert. Hierzu gehören der Hauptteil des inneren westlichen Oberspreewalds und des Unterspreewalds. Zone III (Harmonische Kulturlandschaft) ist Landschaftsschutzgebiet, in dem eine naturverträgliche Landnutzung entwickelt werden soll. Zu ihr gehören vor allem das Gebiet der Gemeinde Burg und einige Randzonen des Spreewalds. In der Zone IV schließlich (Sanierungs- und Landschaftsschutzgebiet) steht die Regenerierung im Vordergrund, das heißt die Beseitigung von Fremdschäden und möglichst die Wiederherstellung der natürlichen Lebensgrundlage.

Verhaltensregeln im Schutzgebiet

Die unersetzliche Spreewald-Landschaft, ein Rückzugsgebiet seltener Tiere und Pflanzen, erlegt also dem Besucher einige Verhaltensregeln auf. Die Zone I darf selbstverständlich gar nicht betreten werden. Nicht erlaubt in der Zone II sind für Paddler das »wilde« Aus- und Einsteigen, alle privaten Motorboote, das Baden außerhalb der Badestellen sowie Zelten und Feuermachen. Auf die Einhaltung der Vorschriften achtet die Naturwacht des Biosphärenreservats, die immer wieder mit dem Kahn Streifenfahrten durchführt. Sie hat die schwierige Vermittlerfunktion zwischen den Ansprüchen der Erholungsuchenden und dem Schutzbedürfnis der Natur. Die Rangliste der gröbsten Verstöße führt das verbotene Zelten an, danach folgen Mißachtung des Wegegebots, Hinterlassung von Abfall, unerlaubtes Angeln, freilaufende Hunde und offene Feuerstellen. Die Naturwacht betreibt zwei kleinere Informationsbüros in Schlepzig und Burg, in Lübbenau außerdem seit 1995 das große Info-Zentrum »Haus für Mensch und Natur«. In allen dreien kann sich der Besucher über das Biosphärenreservat, aber auch über Führungen und Wanderungen mit der Naturwacht in sonst kaum zugängliche Gebiete des Spreewalds erkundigen. Vor allem aber enthüllen sich ihm hier einige der wahren Naturschätze dieser Landschaft aus Wald und Wasser.

Wasserwege und Kähne

Im natürlichen Urzustand flossen einst ungefähr 600 verschiedene Wasserläufe mit einer Gesamtlänge von gut 1200 Kilometern durch den Oberspreewald. In alten Reiseführern spuken diese Zahlen immer noch herum. In Wirklichkeit sind heute, nach der Eindeichung und Regulierung der Spreearme, nur mehr etwa 200 Fließe mit einer Gesamtlänge von knapp 500 Kilometern übrig. Sie tragen eigenartige, oft sprechende Namen. Da gibt es etwa den Ersten Freiheitskanal, die Krumme Mutnitza oder Patschowina, die Lehdesche Grobla oder Lischza, die Polenzoa oder Polenzfließ, den Butschnick oder das Buschfließ sowie das Leineweberfließ, das auch Boitz, Droschefließ, Gorroschoa, Raddusscher Grobla, Raschkonitza oder Südumfluter heißen kann. Sie alle richtig aufzuzeichnen überfordert jede Wasserkarte.

Aber eine erste Orientierung ist nicht schwer. Die wichtigsten Wasserläufe in Ost-West-Richtung sind am Rand des Oberspreewalds der Nordumfluter, darunter das Große Fließ (das den Nordumfluter bei Schmogrow in einer »Flußkreuzung« unterquert), der Burg-Lübbener-Kanal, sodann die Hauptspree und schließlich der Südumfluter.

Die Hauptspree ist etwa 1,80 bis 2,50 Meter, die anderen Fließe nur einen halben bis 1,5 Meter tief. Bei so geringer Wassermenge konnten früher die Fließe im Sommer leicht austrocknen. Aber, wie das hiesige Sprichwort sagt, »Trockene Jahre sind ein Graus, nasse fallen schlimmer aus«. Am Eingang in den Spreewald führt die Spree etwa 15 Kubikmeter pro Sekunde, bei starkem Hochwasser jedoch erreichte sie einen Wert von fast 240. Das geschah vor der Regulierung alle paar Jahre. Die Fließe traten über die flachen Ufer und setzten die gesamte Ernte unter Wasser. Dann mußten die Bauern »über unsere Weizen- und Roggenähren auf Kähnen hinwegfahren«, um zu retten, was noch zu retten war, wenn »das mühsam gewonnene Heu und unsere Erde von den Fluten fortgeführt und vernichtet« wurden (so in einem Bittbrief von 1901 an den preußischen König).

Lange Zeit benützten die Spreewälder als einziges Transportmittel den **Pawnik**, einen der Länge nach halbierten Baumstamm, der innen mit Feuer ausgekohlt und dann mit der Axt behauen wurde. Im 18. Jahrhundert stellten dann Tischler die ersten Kähne her, ein Handwerk, das sich bis heute erhalten hat. Kähne wurden auf jedem Weg gebraucht, für den Transport von Vieh und Heu, für Marktbesuch, Kirchgang, Hochzeitszug und Beerdigung. Nachdem Theodor Fontane den Spreewald berühmt gemacht hatte, baute man verstärkt die besseren Kähne für die Gäste. Auch heute noch kann man zusehen, wie gerade ein Bauer damit Mais und Kürbisse auf den Hof bringt oder die Briefträgerin ihre Runde fährt.

Die sorbische Minderheit pflegt ihre kulturelle Identität

Vor etwa hundert Jahren wurde gegen das stets drohende Hochwasser mit dem Bau von Stauwehren und Schleusen begonnen, und 1939 waren die heutigen 94 Anlagen fertig. Der Höhenunterschied zwischen Ober- und Unterwasser beträgt durchschnittlich nur 50 bis 80 Zentimeter. Ein sehenswertes Technik-Denkmal liegt am Rand des Spazierwegs von Lübbenau zur Wotschofska. Es ist eine »Rollschleuse«, das älteste Verfahren zur Überwindung eines Staudammes. Sie besteht aus zwölf quer zur Flußrichtung am Stauhügel angebrachten Walzen oder Rollen. Der Kahn wurde mit Muskelkraft aus dem Wasser auf die Rollen und über sie hinweg ins Ober- bzw. Unterwasser gezogen. Leider ist diese Rollschleuse in einem ziemlich vernachlässigten Zustand.

Die Braunkohle

Wie ungeheuerlich der Mensch in die ursprüngliche Flußlandschaft eingreift, zeigt eine einfache Zahl: 70 Prozent des Wassers im Spreewald kommen nicht mehr von einer natürlichen Quelle her, sondern aus den Pumpen der Lausitzer Bergbau AG. Es ist sogenanntes Sümpfungswasser, 350 Millionen Kubikmeter pro Jahr.

Rund um den Spreewald wird Braunkohle im Tagebau, also in offenen Gruben, gefördert. Am Südrand liegen die Tagebaue Seese-West (stillgelegt) und Seese-Ost (Stillegung 1996), am östlichen Stadtrand von Cottbus die Tagebaue Cottbus-Nord und Jänschwalde, die noch weit ins nächste Jahrtausend weitergehen. Dafür werden auf ihrem Weg Wiesen und Wälder, ganze

Braunkohletagebau: Für die Energiegewinnung wird eine Landschaft zerstört

Dörfer »devastiert« (das ist der Fachausdruck für »zerstört«), ja ganze Flüsse verlegt. Vor allem aber wird zur Sicherheit der Bergleute in der Grube schon lange vor dem eigentlichen Abbau das Grundwasser weiträumig abgepumpt (»gesümpft«). Dadurch liegt im Spreewald das Grundwasser mehrere Meter tiefer als früher. Gleich daneben ist ein riesiger »Trockentrichter« entstanden, der inzwischen die Größe des Saarlandes hat. Zugespitzt ausgedrückt: Würde der Braunkohlenabbau von heute auf morgen eingestellt, so würden nicht nur der gesamte Spreewald trockenfallen, sondern auch die restlichen Flüsse buchstäblich rückwärts fließen. Das Wasserdefizit beträgt 13 Milliarden Tonnen. Könnte man den gesamten Amazonas hierherleiten, so bräuchte er 32 Stunden, bis er dieses Loch aufgefüllt hätte. Von Natur aus würde die Wiederbewässerung zwei Generationen dauern, zwei weitere, bis sich die ursprüngliche Qualität der Gewässer wieder einstellt.

Der empfindlich gestörte Wasserhaushalt läßt sich also nur durch künstliche Maßnahmen aufrechterhalten. Insbesondere die Spree muß gesichert werden, da sie heute zwischen zwei Trockentrichtern wie auf einem Grat dahinfließt. Daher die Speicherseen, Stauwerke, Flutungen der Tagebau-Restlöcher und Überleitungen von Fremdwasser: Wasser wird auf Vorrat gesammelt, um nach dem Ende des Tagebaus eine Bewässerung überhaupt zu ermöglichen.

Zwei der schönsten Sehenswürdigkeiten bei Cottbus, die verschwiegenen Lakomaer Teiche und der Kanal Hammergraben, ein Kulturdenkmal der frühen Neuzeit, liegen genau in der Plantrasse des Tagebaus Cottbus-Nord. In einigen Jahren werden diese Kostbarkeiten verschwunden sein.

LESETIP

Zu Anfang war es nicht mehr als ein cleverer Journalisten-Einfall im Berliner »Figaro«: warum nicht mal eine Reisebeschreibung als Serie? Aber mit dem Autor **Theodor Fontane** wurde ein Bestseller daraus. Seine **Wanderungen durch die Mark Brandenburg**, die er im Spreewald begann, sind nicht nur glänzend recherchiert – mit fachkundiger Hilfe von Gurkenhändlern und Universitätsprofessoren –, sondern noch heute ein Vorbild für spannende, unterhaltsame und mühelos lesbare Reiseerzählungen.

Aus allen Himmelsrichtungen kommt der Besucher bequem in den Spreewald, der Wasserwanderer von Berlin her sogar über Flüsse und Seen.

Mit dem Auto

Zwei Autobahnen führen direkt bis an den unteren Rand des Spreewalds. Von Süden kommend nimmt man am einfachsten die A 13 (E 55) und gelangt von Dresden aus nach etwa 100 Kilometern zur Ausfahrt Lübbenau. Bei dieser Route sind zwei Varianten denkbar.

Entweder man biegt 25 Kilometer vor Lübbenau bei der Ausfahrt Bronkow nach Nordosten ab und nimmt die Landstraße über Calau und die Dörfer Saßleben und Koßwig, vorbei am Braunkohlentagebau Seese-Ost, bis Vetschau. Bei dieser Anfahrt erreicht man die Flußlandschaft unmittelbar an ihrer mittleren Südflanke. Von hier aus ist es auch nicht mehr sehr weit nach Burg, dem östlichen Zentrum des Oberspreewalds.

Oder man verläßt die Autobahn bereits auf halber Strecke, bei der Ausfahrt Bronkow, mit der Stadt Cottbus als Endziel der B 169. An dieser Route lassen sich ein paar lohnende Zwischenstopps einlegen. Man kommt zuerst nach Senftenberg und an den Senftenberger See, das gern gezeigte Muster einer rekultivierten Braunkohlengrube.

Wer aus dem ferneren Westen oder von Norden her anreist, tut dies am besten auf der Autobahn A 13 von Berlin her. Auf ihr bzw. der A 15 (ab Lübbenau) könnte man theoretisch wiederum bis Cottbus fahren. Viel ergiebiger jedoch ist die Strecke ab der Ausfahrt Staakow über Krausnick, vorbei an den 144 Meter hohen Krausnicker Bergen und quer durch den Unteren Spreewald nach Schlepzig.

Mit der Bahn

Die Hauptstädter haben es am leichtesten: Zwischen Berlin und dem Spreewald verkehrt ein Regionalzug im Stundentakt. Er kommt in Lübben an, fährt weiter nach Lübbenau und dann am Südrand des Oberspreewalds entlang weiter nach Raddusch, Vetschau, Papitz und Kolkwitz bis nach Cottbus hinein. Etwas umständlicher ist die Anreise nach Cottbus von Hannover oder Hamburg. Sie dauert fünf bzw. fünfeinhalb Stunden, das jeweilige Umsteigen in Berlin eingeschlossen. Auch von München aus – von hier dauert die Fahrt nach Cottbus etwa acht Stunden – ist ein Zugwechsel nötig, und zwar in Leipzig. Ebensolang ist die Anreise von Köln her, nur daß diesmal wiederum in Berlin umgestiegen wird. Wer dabei nur bis Lübben will, kommt eine halbe Stunde eher an. Der Normalpreis einer Fahrkarte 2. Klasse von München nach Cottbus beträgt (1996) 300, von Köln nach Cottbus 344 DM; beides ist auch zum Sparpreis von 190 oder zum Familienpreis von 333 DM zu haben.

Einige Hotels und größere Pensionen, die nicht an der Bahnlinie liegen, sorgen nach Absprache für den Transfer vom und zum Bahnhof.

Mit dem Flugzeug

Dem Flugreisenden bieten sich vor allem die drei Flughäfen in Berlin an. Sie sind von allen innerdeutschen Flughäfen sowie unter anderem von Luxemburg, Zürich und Wien aus durch Direktflüge zu erreichen.

Auch Dresden kann man mit dem Flugzeug erreichen. Der Flughafen der sächsischen Metropole hat wöchentlich 40 Landungen aus Frankfurt am Main, 27 aus München, je 18 aus Köln-Bonn und Stuttgart, 17 aus Düsseldorf und zehn aus Hamburg zu verzeichnen. Sogar nach London gibt es jede Woche zehn Direktflüge. Von Dresden sind es dann noch etwa 100 Autobahn-Kilometer bis Lübbenau.

Mit dem Boot

Auf der Berliner Spree und über die Oder-Spree-Wasserstraße gelangt der ausdauernde Sportpaddler an den südlichen Abzweig der Spree bei Drahendorf. Weiter auf Südkurs erreicht er den Schwielochsee. Kurz vorher geht es mit einem Knick nach Westen bis Alt-Schadow am Neuendorfer See. Bei dieser Art der Anreise benötigt man für die gut 80 Kilometer fünf bis sechs Tage. Danach aber ist es nur noch eine Tagestour zum Unteren Spreewald.

Der Besondere Tip

Eher eine Warnung: Alle **Straßenkarten** der Gegend, speziell sogenannte »Freizeitkarten«, sind unzuverlässig, sobald man nach Straßen zweiter oder dritter Ordnung sucht. Manche Karten verzeichnen noch immer Orte, die längst von der Braunkohle abgebaggert sind, andere verschweigen die Lage der Tagebaue, keine verzeichnet korrekt die vier Seengruppen südlich von Schlepzig. Wandertourenkarten mit kleinerem Maßstab sind zwar recht verläßlich, der entdeckungslustige Autofahrer sollte auf nicht asphaltierten Nebenstrecken jedoch eher seinem Instinkt als irgendeiner Karte folgen.

Im Innern dieser stillen, verletzlichen Landschaft läßt der Rücksichtsvolle den eigenen Wagen am Rande stehen und nimmt ihn allenfalls für die Ausflüge in die Umgebung.

Mit dem Auto unterwegs

Von Cottbus nach Peitz im Norden gelangt man auf der zum Teil als Schnellstraße angelegten B 97. Am Südrand des Spreewalds sind Cottbus und Lübben sowohl durch die Autobahn E 36 verbunden als auch durch die B 115, die nach Lübben weiterläuft. Eine gutbefahrbare Straße führt von Vetschau nach Burg sozusagen mitten durch den Spreewald und dann in einem westlichen Bogen über Straupitz und Neu Zauche nach Lübben. Von hier nach Schlepzig im Unterspreewald und zum Neuenburger See besteht ebenfalls eine gute Straßenverbindung. Zudem bietet die Streusiedlung Burg viele ausgebaute Nebenstraßen, die zum Teil überraschend weit in die scheinbar unberührte Fließelandschaft des Oberen Spreewalds hineinreichen.

Lohnende Erkundungsausflüge bietet die Gegend im Nordosten von Cottbus, etwa über Lakoma an der B 97, Bärenbrück und Heinersbrück zum Kraftwerk Jänschwalde, ebenso eine Fahrt über die kleinen Dörfer zwischen Cottbus und Burg. Dagegen ist bei der Annäherung an eine Braunkohlengrube erhöhte Umsicht geboten; leicht gerät der Mutwillige auf verbotenes Gelände, und vom Grubenrand sollte man sich wegen Einsturzgefahr sowieso fernhalten. Sandige Waldwege verlocken manchen zu eigensinnigen Privattrips, können aber nach einem Regen stellenweise plötzlich sumpfig und unpassierbar sein.

Der Unterspreewald wird von Straßen weiträumiger umgangen. Durch das ohnehin schmalere Fluß- und Nebenflußgebiet führt nur ein einziger automobiler Fahrweg.

Busse und Bahnen

Vor hundert Jahren fuhr durch den Spreewald, von Burg nach Lübben, die sogenannte »Spreewald« – oder »Bimmelguste«, eine lokale Kleinbahn. Heute steht sie im Museum beim Schloß Lübbenau, und am alten Burger Bahnhof steht noch eine Gruppe Waggons. Ihre Trasse kann man stellenweise noch erkennen, so zum Beispiel am unnatürlichen Einschnitt in den Schloßwall neben dem Bismarckturm in Burg. 1970 wurde die Schmalspurbahn eingestellt. Seitdem betreibt die Bundesbahn am Spreewald, abgesehen von den

Im Boot erschließt sich der Reiz dieser Kulturlandschaft besonders eindrücklich

beiden Strecken nach Peitz, nur noch die Linie Berlin–Cottbus.

Für öffentliche Verkehrsmittel ist der Besucher also zumeist auf Busse verwiesen. Ein Linienbus verbindet etwa zwölfmal werktäglich Cottbus mit Lübben auf einer Route am Nordrand des Oberspreewalds (über Burg, Straupitz und Neu Zauche). Im Süden, parallel zur Bahnlinie, verkehrt außerdem ebensooft ein Bus zwischen Cottbus und Lübbenau (über Vetschau, Raddusch und Böblitz). Im übrigen sind auch Schlepzig, der Neuendorfer See und viele Dörfer im Seengebiet nördlich des Oberspreewalds an ein dichtes Netz von Linienbussen angeschlossen. Zwischen Cottbus, Lakoma und Peitz verkehren zwei weitere Buslinien.

Mit dem Fahrrad

Das ideale Landgefährt im Spreewald ist zweifellos das Fahrrad: Die Gegend ist flach, das autofreie Wegenetz von rund 1150 Kilometern Länge gut ausgebaut und beschildert, jedes Ziel in mühelos erreichbarer Nähe. Selbst bei kühlen Temperaturen ist diese Fortbewegungsart an der frischen Luft angenehm, und man kommt fast überall damit hin. Außerdem läßt sich ein Fahrradausflug sehr gut mit einer kleineren Wanderung kombinieren.

Fahrräder kann man sich an vielen Stellen für wenig Geld leihen: an den Bahnhöfen Lübben und Lübbenau, in vielen Pensionen und Hotels (auch wenn man dort nicht übernachtet), in jedem zweiten Fahrradgeschäft. Es zahlt sich aus, das Rad vor der Übernahme auf seinen Zustand zu überprüfen – und die Werkzeugtasche auf vollständigen Inhalt.

Im Spreewald dürfen alle Wanderwege mit etwas Rücksicht auf die Spaziergänger auch als Fahrradwege benützt werden. Sie sind nicht asphaltiert, und deshalb stellenweise ein wenig holprig oder naß. Gelegentlich muß man kurz absteigen und das

Der Besondere Tip

Kahnbau Manchmal, wenn man darum bittet, erlaubt ein Kahnbauer auch einem Besucher, ihm bei der Arbeit zuzuschauen. Fragen Sie sich zum Beispiel in Lehde nach dem Kahnbauer Ringl durch. Seine Schreinerei liegt auf einem aufgeschütteten Fließ, das »Gäßchen« (der Bootshafen) gleich daneben. Bei günstigem Wetter ist er vielleicht gerade dabei, die Längsbretter über dem offenen Feuer in die richtige Form zu biegen, wobei er sie ständig mit Wasser befeuchten muß. ■ B3

Kahnbauer Ringl in Lehde versteht sich noch auf sein traditionsreiches Handwerk

Rad über eine hochgebaute Holzbrücke tragen, die hier »Bank« heißt. Sie ist nur über ein paar Treppenstufen begehbar und nicht immer mit einer Radschiebeerampe versehen (die Bänke stehen übrigens deshalb so hoch über dem Wasser, damit der Bauer mit dem Heukahn noch drunter durchkommt).

Boote

Paddelboote verleiht jedes größere Hotel, ebenso einige professionelle Kahnfahrbetriebe. Dem Anfänger ist dringend von einem Boot mit Fuß-Steuerruder abzuraten: Es ist erheblicher schwieriger zu bedienen, als man vermutet. Im Sommer macht es dem Laien-Paddler nichts aus, sich naßzutropfen; in kühleren Jahreszeiten jedoch sollte er auf wasserfeste Kleidung mit dicht abschließenden Ärmeln achten. Manche Fließe und Kanäle sind zeitweise, einige ganzjährig gesperrt. An allen natürlichen Ufern des Spreewalds gilt für den Freizeitpaddler ein strenges Anlegeverbot, und Zelten oder gar offenes Feuer sind erst recht nicht erlaubt.

Nur wenige Bootsverleiher stellen auch Kanus oder Kanadier zur Verfügung. Generell findet man sie kaum in Hotels und nur gelegentlich in den größeren Städten. Ruderboote sind vor allem auf den großen Seen zu haben, speziell am Schwielochsee, der auch Jollen und Piratenbooten ausreichend Platz bietet. Motorboote sucht man erfreulicherweise vergebens.

Kähne

Das typische Transportmittel, das dem Leben in dieser Landschaft Rhythmus und Charakter verleiht, ist der Spreewald-Kahn, ein flaches, kielloses Holzboot. Der kleinere Typ wird als Fischerkahn bezeichnet, der größte, heute kaum noch gebaute, als »Ochsenkahn«, da er auch für die Beförderung von Vieh geeignet ist. In jedem Fall darf der Kahn nie eine Länge von 9,50 Metern und eine Breite von 1,90 Metern überschreiten, um manövrierfähig zu bleiben.

Gebaut wird der Kahn vor allem in Lehde, Lübbenau und Raddusch aus dem Holz hundertjähriger Kiefern. Die Seitenwände bestehen aus je zwei durchgehenden Brettern, die genau das gleiche Gewicht und die gleiche Spannung haben müssen, sonst kommt ein »verdrehter« Kahn heraus. Nur der Typ »Lübbener Kahn« hat beiderseits ein drittes Brett; im Unterspreewald sind nämlich streckenweise (Elektro-)Motoren erlaubt, und die dadurch verursachten Wellen würden bei einem niedrigeren Seitenbord ins Boot schlagen. Am Heck steht der Fährmann oder, seltener, die Fährfrau und stakt den Kahn mit Hilfe des sogenannten »Rudels« vorwärts. Das Rudel ist eine etwa fünf Meter lange Holzstange, die am unteren Ende eine U-förmige Eisenspitze trägt.

Wer es gern fröhlich-gesellig hat, geht zum großen Fährhafen in Lübbenau. Die Touristenkähne sind mit Querbänken für die Gäste bestückt, manche Kähne zudem mit flittergeschmückten Tischen. Ständig im Angebot sind die kleine Runde nach Leipe und zurück, die etwas längere Fahrt bis nach Lehde (auch als »Lampion-« oder »Mondscheinfahrt«), komplett mit Zwischenstopp im »Fröhlichen Hecht« und anderen Traditionsgasthäusern, oder die Ganztagestour über die beiden Ausflugsgaststätten Wotschofska und Pohlenzschänke in den Hochwald. Die beiden Fährhäfen in Burg veranstalten ganz ähnlich organisierte Fahrten in die nähere Umgebung und ebenfalls in den Hochwald.

Besinnlicher und genauer sieht derjenige den Spreewald, der sich einen individuellen Kahn mit Fährmann für eine Fahrt untertags oder auch in der Nacht mietet. Dieser Service wird von den Fährgemeinschaften, nicht selten auch von Hotels angeboten.

Auf Schlittschuhen

Ein höchst ungewöhnliches Erlebnis ist der Spreewald im Winter. Dann stehen die Kähne, auch wegen der völligen Abwesenheit von Touristen, aufgebockt an Land, und eine tiefe Ruhe liegt über der verschneiten Flußlandschaft. Wildenten und Schwäne kommen durch den silbrigen Nebel bis an die Dörfer heran, und geduldig auf Beute wartend stehen die Fischreiher am Ufer. Wenn es dann friert, verwandeln sich die Fließe in Eisflächen, aus denen in scharfen Umrissen die Heuschober herausragen. Dem Schlittschuhläufer öffnet sich unter Büschen und Bäumen hindurch ein unendliches Netz von Wegen und Pfaden. Und vielleicht begegnet er sogar den Winterfischern, die unter dem Eis ein Schleppnetz durchs Wasser ziehen.

In der Luft

Ein exklusives, aber auch teures Vergnügen ist eine ruhige Ballonfahrt über den Spreewald. Sie beginnt am Flughafen Neuhausen, südlich von Cottbus, dauert mit Aufrüsten, Fahren, Landen und »Ballontaufe« mehrere Stunden und kostet 300 DM. Die Fahrt kann aber wegen schlechter Witterung verkürzt oder sogar abgesagt werden. Das Besondere: Aus dem Ballon darf ohne Luftbildgenehmigung fotografiert werden. Am selben Flughafen werden auch weniger stille Luftfahrten über die Fließe angeboten, sei es mit dem Kleinflugzeug (ab 90 DM pro Person und 30 Minuten) oder mit dem Hubschrauber (160 bis 500 DM je 20 Minuten).

Lausitzer Ballonfahrten
Hauptstr. 51
03099 Limberg
Tel. 03 56 04/4 11 44 oder 4 11 22

Niederlausitz Flug GmbH
Tel. 03 56 05/2 62

Heli-Flight
Tel. 03 56 05/4 00 44

Mit der Bundesgartenschau 1995 in Cottbus ist auch die Hotellerie des Spreewalds aufgeblüht. Ebenfalls im Trend liegen Ferienwohnungen.

Hotels

Die Region hält ein weitgefächertes Angebot an Hotels bereit. Es reicht von der Pension über das kleine Landgasthaus bis zum technisch und kulinarisch luxuriös ausgestatteten Tagungshotel. Die Skala umfaßt eine dementsprechend weite Komfort- und Preisspanne, von 80 bis zu 400 DM für das Doppelzimmer. Bei der ostdeutschen Fernsehbegeisterung darf man selbst im bescheidensten Zimmer mit einem TV-Gerät rechnen.

Viele der neuen Hotels wirken auf den ersten Blick kühl und traditionslos. Aber dahinter steckt oft ein gewisser Ehrgeiz des Aufbruchs, eine Bereitschaft zum Experiment und zur Konkurrenz sowie fast immer ein Service, der sich freundlich um den Gast bemüht. Im Zweifel sind diese modernen Bauten vorzuziehen. Nicht jede ältere Herberge, die sich modisch »Scheune« nennt, hat deswegen schon rustikalen Charme.

Die oft hervorgehobene »Lage direkt am Wasser« erfordert

Gediegener Luxus: Suite im Romantik-Hotel »Zur Bleiche« in Burg

ein offenes Wort zu einer damit einhergehenden Belästigung. Gemeint sind die Stechmücken. Es gibt sie tatsächlich, und wenn sie nachts ins Zimmer eindringen, können sie einem den Ferienschlaf schon verleiden. Ein Hotel in Schlepzig hat seine Betten sogar mit Moskitonetzen ausgerüstet, nachdem Gäste aus den USA danach verlangten. Es empfiehlt sich, das Zimmer vorher zu besichtigen: Sieht der Sensible die typischen rotbraunen Flecken an der Wand, so geht er vielleicht besser ein Haus weiter oder sucht sich ein Hotel abseits der Wasserläufe auf trockenem Sandboden. Wirklich lästig fallen die Mücken aber nur nach einem heißen regenreichen Sommer. Und im Frühjahr sind sie noch gar nicht da.

Da sehr viele Gäste im Spreewald nur für einen Tagesausflug oder übers Wochenende kommen, sind die Hotels auch in der Saison nicht immer ausgebucht. Alljährlich gibt der Fremdenverkehrsverband Spreewald in Raddusch (Tel. 03 54 33/7 74 33) ein ausführliches und informatives »Spreewald Gastgeberverzeichnis« heraus, das dem Interessenten gratis zugeschickt wird.

Privatunterkünfte

Zu mietende Häuser und Wohnungen findet der Gast in einigen Orten in erheblich größerer Zahl als Hotels.

In alten Bauernhöfen, von außen eher schlicht anzusehen, verbirgt sich manch schöne **Ferienwohnung**: ein großzügiger, moderner Innenausbau und eine komfortable und funktionale Einrichtung. Einzeln stehende Ferienhäuser mit Terrasse und Liegewiese werden ebenfalls angeboten, manche in Insellage, speziell in der Umgebung von Lübbenau. Nicht wenige sind mit Kinderbetten ausgerüstet, erlauben Haustiere, versorgen die Gäste mit Frühstück und Leih-Fahrrädern, wenn nicht sogar mit Paddelbooten. Der Fernseher ist darin üblich, Kabelanschluß und Satellitenempfang nicht selten. Die Mietpreise, weitgehend unabhängig von der Lage, beginnen schon bei 55 DM pro Tag je Wohnung oder Haus und steigen mit der Wohnfläche auf höchstens 190 DM.

Originelles Aushängeschild: Landgasthof »Zum grünen Strand der Spree« in Schlepzig

Noch preiswerter sind natürlich **Ferienzimmer** (sie kosten mit Frühstück zwischen 24 und 45 DM pro Person und Tag).

Camping und andere Unterkünfte

Lübbenau besitzt gleich drei Plätze, darunter das kleine **Caravan»Camping am Bauernhof«** (Tel. 0 35 42/29 21) und das am Wasser liegende größere **»Camping am Schloßpark«** (125 Stellplätze, Campinghütten, Tel. 0 35 42/35 33, im Winter 28 11). Eine weitere Möglichkeit besteht am Stadtrand von **Lübben** (160 Plätze, Am Burglehn, Tel. 0 35 46/70 53, im Winter 33 35).

Zahlreicher sind die Campingplätze in der nördlichen Umgebung des Spreewalds. Sie liegen meist an Badeseen, so am Neuendorfer See der Naturcampingplatz Halbinsel **Raatsch** (Tel. 03 54 73/6 00, 03 54 73/6 83 oder 01 72/34 54 0 09) und der Campingplatz **Nord Alt Schadow** (Tel. 03 54 73/6 12 oder 24 07), östlich von Lübben der Campingplatz **Briesensee** (Tel. 0 35 46/ 76 76) und ein Stück weiter im Norden der Campingplatz **Groß Leuthen** (Tel. 03 54 71/3 03). Am großen Schwielochsee sind vier Campingplätze in Betrieb, und zwar Schwielowsee-Camping in **Niewisch** (Tel. 02 26 76/51 86 oder 03 35/32 33 54), Am Schwielochsee in **Zaue** (Tel. 03 54 78/ 5 22 oder 5 12), An der Bosche in **Goyatz** (Tel. 03 54 78/5 19 oder 5 12) und An der Geisterschlucht in **Jessern** (Tel. 03 54 78/6 08 oder 5 12). Auch der **Große Mochowsee** (er ist in Wirklichkeit recht klein) südlich davon hat einen sehr familienfreundlichen Campingplatz zu bieten (Tel. 03 54 78/5 25 oder 4 24). Alle sind mit den wichtigsten Service-Einrichtungen versehen, mehrere verleihen auch Räder und Boote. Mitunter sind sie nur zwischen April und Oktober geöffnet. Ihre Aufnahmekapazität für Touristen schwankt zwischen zehn und 300 freien Stellplätzen.

Auch der **Urlaub auf dem Bauernhof** ist inzwischen am Spreewald möglich, zum Beispiel in Lubolz und Hartmannsdorf bei Lübben oder an der Ringchaussee in dem weit auseinandergezogenen Dorf Burg.

Schließlich sind noch die **Jugendunterkünfte** zu erwähnen. Es gibt insgesamt fünf im Spreewald: an der Spree in Lübben (Tel. 0 35 46/30 46), in Burg die Jugendherberge mit »Wanderstützpunkt« (Tel. 03 56 03/2 25) und das Schullandheim (Tel. 03 56 03/2 68) sowie die zwei Jugendherbergen in Cottbus (Tel. 03 55/2 25 58 und 03 55/79 14 95 oder 47 82 70).

Hotels sind bei den einzelnen Orten im Kapitel »Sehenswerte Orte und Ausflugsziele« beschrieben.

Preisklassen
Die Preise gelten für eine Übernachtung von zwei Personen im Doppelzimmer mit Frühstück.
Luxusklasse über 300 DM
Obere Preisklasse bis 300 DM
Mittlere Preisklasse bis 220 DM
Untere Preisklasse bis 140 DM

Postmoderner Hotelpalast: das »Maritim« im Zentrum von Cottbus

Im Spreewald bestimmt die Kost bodenständiger, auf sich gestellter Bauern, die in Schnee und Hochwasser oft von ihrer Umgebung abgeschnitten lebten, den Speisezettel.

Seit Generationen wird hier die hohe Kunst der Konservierung gepflegt. Sie hat eine Delikatesse hervorgebracht, die schon zu Theodor Fontanes Zeiten hochberühmt war: die saure Spreewaldgurke. Ihre Verfeinerung erfand im Jahre 1874 der Kaufmann Schulz; man mußte sie vor dem Einlegen »mit dem Messer stechen«, dann wurde sie innen nicht hohl. Noch heute werden die Lübbenauer Gurken weitgehend von Hand bearbeitet, bevor sie unvergleichlich frisch und knackig auf den Markt kommen. Ihren guten Ruf erkennt man daran, daß das Markenzeichen »Spreewald« neuerdings auch von Unberechtigten geführt wird. Echt sind die Spreewald-Produkte aber nur mit dem rotweißen Spreewald-Logo unter dem grünen Dachreiter aus zwei Schlangenkönigsköpfen.

Die Herkunft der Spreewälder Küche

Wie in manchen kulinarischen Regionen, hat auch hier eine ursprünglich karge und einfache Bauernküche viele wohlschmekkende Gerichte hervorgebracht. Bevor der Bauer der Jahrhundertwende aufs Feld ging, gab es zum Frühstück entweder einen dicken Mehlbrei mit Milch oder Pellkartoffeln (»Kneedel«) mit Quark und Leinöl. Auf dem Feld folgte dann ein zweites Frühstück, das nur aus Brot und Käse und einem gekochten Ei bestand. Mittags standen wieder

Der Gurkenmeister bei der Qualitätskontrolle

Auf die Anzucht von Kürbis und Gurke versteht man sich im Spreewald

die Kneedel auf dem Tisch oder auch Gemüse, Grütze und Hirse, zuvor wurde Buttermilch- oder Biersuppe gegessen. Zur Vesper wurden nur Butterbrot und Schnaps gereicht und abends meist wieder die Kneedel mit ihren Beilagen. Nur an Sonn- und Feiertagen war das Essen üppiger. Da wurde Rindfleisch mit Meerrettich serviert, rote Beete und eingemachtes Obst. Zu besonderen Anlässen aß man Hecht in Spreewaldsoße oder auch, wenn der Bauer gleichzeitig Jäger war, Wildgerichte.

Viele Rezepte sind seitdem untergegangen und vergessen. Aus dem Jahr 1679 weiß man, daß der Spreewälder Bauer 357 Fisch- und 280 Krebsgerichte kannte. Vielleicht holt ja einmal ein findiger Wirt einige davon aus einem Großmutter-Kochbuch wieder heraus.

Ein beliebtes »Arme-Leute-Essen«

Die traditionellen Kartoffeln mit Leinöl und Quark sind bis heute das typische, immer wieder verlangte Spreewald-Gericht. Selbst ein Restaurant, das vorrangig die Haute Cuisine pflegt, muß es einfach auf der Speisekarte haben. Warum gerade dieses einfache Essen über alle Zeiten hinweg so begehrt geblieben ist, wissen auch Fachleute nicht zu sagen. Sicher, das Rezept läßt sich ein wenig verfeinern. So findet man den Quark meist mit Sahne und frischgehackten Gartenkräutern angemacht. Und als Dekoration machen Dill oder eine aufgeschnittene Spreewaldgurke einen guten optischen Eindruck. Aber das Geheimnis scheint im Leinöl zu liegen. Es wird aus den Samenkörnern des Flachs gewon-

Die geräumigen Landgasthöfe sind auf starken Ausflugsverkehr eingerichtet

nen, einer Pflanze, mit der die Spreewälder lange Zeit Erfahrungen sammeln konnten. Bis vor hundert Jahren nämlich war die Herstellung von Leinen aus Flachs ein blühendes Gewerbe in der Region. Das Leinsamenöl wurde nicht nur zum Essen gereicht, es galt auch als hilfreiche Arznei. Es half gegen Lungenschwäche und Magenweh, und wenn man es sich nur über die Stirn strich, verging das Kopfweh. Ohne Zweifel ist das leichte, honigfarbene Leinöl nicht nur ein Genuß, sondern immer auch eine willkommene Stärkung. »Was macht den Spreewälder stark?« lautet der oft zitierte Spruch, »Kneedel, Leinell und Quark.«

Eine Delikatesse: Räucheraal

Fischgerichte

Früher war jeder Bauer auch ein »Kochtopffischer«, der die eigene Küche aus den Fließen aufbessern konnte, mit Hecht, Zander, Karpfen und Aal. »Fischen zu Tisches Notdurft« (1916) war gesetzlich erlaubt. Einige Jahrzehnte lang wurden jedoch die Fischbiotope nachhaltig gestört: Durch den ausbleibenden Frühjahrsstau konnten die Hechte nicht mehr auf den Wiesen laichen, gleichzeitig erhöhte das warme Abwasser der Braunkohlekraftwerke die Temperatur der Fließe, wodurch die Hechte gefräßiger wurden. Die Fischbestände gingen spürbar zurück. Schwarzangeln und Raubfischerei taten ein übriges. Erst in den 50er Jahren traten neue Regelungen in Kraft, und heute muß der Interessierte die Prüfung zum »Fischwirt« bestehen. Seit die nahen Kraftwerke stillgelegt sind, pendeln sich auch die natürlichen Lebensverhältnisse allmählich wieder ein.

An einigen Orten, etwa in Lübben und in Leipe, werden Aal und Forelle noch sachverständig von Hand geräuchert: je nach Geschmack über Buchen-, Erlen- oder Pflaumenholz, mit Blättern oder Zweigen von Holunder zur goldbraunen Färbung. Bei Kennern berühmt sind die festen, fettarmen Karpfen aus den Peitzer Teichen. Fast tausend Tonnen beträgt der jährliche Sylvester-Export nach Berlin, Hamburg und München.

Für den delikaten Fisch in Spreewaldsoße hat jede Köchin ihr Geheimrezept. Meist werden dazu Weiß- und Edelfische (etwa Hecht oder Zander) mit Lorbeerblättern, Gewürz- und Pfefferkörnern, vielleicht auch etwas Bier, auf kleinem Feuer gar gekocht. Die Soße besteht aus je einem Drittel Sud, saurer und süßer Sahne und wird nach Geschmack und Erfahrung mit verschiedenen Kräutern abgeschmeckt. In einem guten Restaurant sollte jeder Besucher diese Delikatesse einmal versuchen.

Spreewälder Plinsen

Die Plinze oder Plinse ist ein hauchdünner Eierkuchen, der auch in Osteuropa weit verbreitet ist (das Wort stammt von dem russischen Blini ab). In Forst an der polnischen Grenze zum Beispiel macht man sie gern mit Buttermilch. In der Spreewälder Küche hat sie sich zu einer besonderen Köstlichkeit entwickelt. Die originale Plinse besteht nur aus Mehl, Milch, Eiern, Vanillezucker, Hefe und einer Prise Salz. Nachdem man den Teig wenigstens eine Stunde lang hat gehen lassen, wird er in einer Pfanne mit heißer Butter (nicht in Leinöl, wie manche meinen) dünn, honigbraun und kroß herausgebacken. Dann serviert man ihn heiß, am besten mit etwas Zucker bestreut.

Restaurants sind bei den einzelnen Orten im Kapitel »Sehenswerte Orte und Ausflugsziele« beschrieben.

Preisklassen
Die Preise gelten jeweils für ein Hauptgericht ohne Getränke.
Luxusklasse über 35 DM
Obere Preisklasse bis 35 DM
Mittlere Preisklasse bis 26 DM
Untere Preisklasse bis 16 DM

Der Besondere Tip

Der Wirt im kleinen Lokal **Schlangenkönig** in Leipe zeigt dem interessierten Besucher nicht nur, mit welchen Hölzern und Gewürzen Aale und Fische geräuchert werden. Nicht selten redet er sich auch in großzügige Laune, und dann füllt seine tönende Stimme die Stube mit oft unglaublichen Spreewald-Geschichten. In solcher Gemütslage läßt er sich dann schon mal am Herd über die Schulter schauen. Er lädt in die Küche ein, führt wie ein Meisterkoch seine Zutaten vor und demonstriert, wie eine Plinse zubereitet wird. Und zwar nicht irgendeine, sondern »die einzig wahre«. Die verkauft er nicht, sondern er schenkt sie dem Zuschauer. Dorfstr. 17, 03226 Leipe, Tel. 0 35 42/39 49, Mai bis Oktober, Untere Preisklasse (keine Kreditkarten) ■ B 3

Der Spreewald ist nicht nur ein Rückzugsgebiet bedrohter Tier- und Pflanzenarten, hier sind auch noch einige seltene Handwerkskünste lebendig.

Schon vor der Wende fand sich der Lübbenau-Tourist umworben von allerlei Spreewald-Produkten. Der Zugang zum Hafen ist am Saison-Wochenende belebt mit Tischen, Ständen und Kiosken, die vor allem Gurken und Meerrettich anbieten. Nicht selten taucht das Warenangebot samt Zwiebeln, Eiscreme, Bier und Schnaps am romantischen Fließ-Ufer noch einmal auf; hier legt die Kahntour nach Lehde gern einen Zwischenstopp ein, damit die Passagiere Andenken und Proviant fassen können.

In Lehde selbst, auf dem Ufer gegenüber dem »Fröhlichen Hecht« und vor dem Eingang zum Freilandmuseum, bedeckt dann eine reiche Auswahl an Spreewälder Keramik den Boden unter den Erlen. Aber schöner und vor allem erlebnisreicher ist ein solcher Einkauf in der Töpferei selbst, etwa bei Elke Piezonka (Weidenweg 15, 03096 Burg, Tel. 03 56 03/5 89), der man gelegentlich sogar bei der Arbeit zusehen kann.

Die großen Spreewald-Feste in Lübben und Lübbenau zeigen

Echte Handarbeit: aus Flachs entstehen strapazierfähige Stoffe

jedes Jahr einen anschaulichen Rückblick auf das bäuerliche Handwerk der Vergangenheit. Da wird zum Beispiel noch Butter gestampft (und anschließend, dick aufs Brot gestrichen, serviert), Körbe werden geflochten, Ostereier nach alten Mustern und Techniken bemalt, Seiler stellen ihre gedrehten Stricke aus, Böttcher ihre Fässer.

Textiles Kunsthandwerk

Im Jahr 1748 wurde in Burg eine Leinen-»Fabrique« errichtet. Das Tuch, in den Kriegen Friedrichs des Großen gefragt, war aber mühselig herzustellen. Im August wurde dazu der Flachs geschnitten und zwei Wochen lang im Fließ eingeweicht. Danach waren die pflanzlichen Weichstoffe ausgefault, und übrig blieb nur die strapazierfähige Faser. Sie mußte nach dem Trocknen gebrochen, das heißt ausgeklopft, und anschließend gehechelt, fein ausgekämmt und gesponnen werden. Das daraus gewebte Leinen wurde auf der Wiese zum Bleichen ausgelegt (an all das erinnern noch alte Namen, etwa Leineweberfließ oder Bleichestraße in Burg).

Mit diesem wertvollen Tuch verband sich nun eine aus Indien eingewanderte Färbekunst, der Blaudruck, den die heimischen Sorben in ihrer Festkleidung zu

Der besondere Tip

Holzpantoffeln Die traditionelle Handwerkskunst des Holzschuhschnitzens wird in Burg aufrechterhalten: Manfred Karolczak stammt aus einer alten Spreewälder Handwerkerfamilie, sein Großvater war der letzte Holzschuhmacher in Vetschau. Bei diesem war die Fertigung reine Handarbeit: Die Form wurde mit dem Beil aus dem Holz gehauen. Der Enkel besitzt noch die Werkzeuge und die alte Schneidebank, hat heute aber für die Herstellung der Holzsohle Sägemaschinen. Das Erlen- oder Pappelholz dafür sucht er sich selbst aus. Das Zuschneiden und die Befestigung des Oberteils, nach Wunsch aus Rinds- oder Schweinsleder, erfolgt dann wie früher nur von Hand. Seine Holzschuhe, sagt er, »sind so bequem, daß Sie damit bis Cottbus laufen könnten, ohne sich Blasen zu holen«. Nicht ohne Stolz zeigt er Besuchern sein Können. Und wer gar Lust hat, einmal bei einem Holzschuhmacher zu wohnen, kann das hier auch. Weil die Karolczaks vom Handwerk allein nicht mehr leben können, haben sie kürzlich eine kleine Familienpension im Haus eröffnet. Lindenstr. 5, 03096 Burg, Tel. 03 56 09/6 04 14 ■ C4

höchster Vollendung brachten. Es gibt ihn noch heute, in einer einzigen Familien-Werkstatt von 1893 (Blaudruckmeisterin Evelin Rühtz-Müller, Franz-Schubert-Str. 27, 03050 Cottbus, Tel. 03 55/ 52 63 59), wenn auch nur mehr auf Baumwolle. Er verlangt jedoch die gleiche schwere Handarbeit. Auf das weiße Gewebe wird zuerst mit dem »Model« ein nach Geheimrezept hergestellter »Papp« in der Form des späteren Musters aufgedruckt. Dann kommt das Tuch mehrmals in ein Indigo-Färbebad. Nach dem ersten Herausnehmen ist es noch grün, verfärbt aber an der Luft immer mehr zu einem tiefen Dunkelblau. In einem Schwefelbad wird anschließend der Papp herausgewaschen, so daß – nach Spülen und Trocknen – das feine Muster weiß auf dunkelblau erscheint. Das Ergebnis, ob von historischen oder neu gestochenen Modeln, ist von beeindruckender Schönheit. Im Spreewald-Museum Lehde betreibt die Blaudruckerei eine kleine Verkaufsausstellung.

Auf ähnlichem Rückzug ist eine andere Trachtenkunst, die traditionelle Batist- und Seidenstickerei. Bestickt wurden festliche Rockbänder, Halstücher, Hauben, Schürzen, auch die Hosenträger (mit Perlen) und die Lederschuhe der Männer. Heute findet man im Spreewald zwar einige ältere Frauen, die jene Stickkunst seit langem beherrschen, sie finden aber keine Nachfolgerinnen mehr. Eine rare Ausnahme ist Christa Dziumbla (Verbindungsstr. 215, 03096 Burg, Tel. 03 56 03/8 74), die noch immer Kopftücher und Hauben nach Original-Vorlagen zu sticken versteht.

Kulinarische Delikatessen: saure Gurken, Räucherfisch und Säfte

Die Spreewälder saure Gurke ist tatsächlich ein Genuß eigener Art. Man sollte sich ihn einmal gönnen, nur um zu wissen, wie gut saure Gurken schmecken können. In der winzigen »Fabrik« von Ernst Krügermann, gegründet 1896 und von Enkel und Urenkel weitergeführt, darf man sich nach freundlichem Anklopfen auch umsehen (Kampe 5, 03222 Lübbenau, Tel. 0 35 42/ 23 58). Hier lagern die Gurken in großen Holzfässern sechs Monate lang in Salzlake und naturtrüber Milchsäure, mit Dill und Thymian von den eigenen Feldern gleich nebenan.

Wie Fische geräuchert werden, kann der Besucher an dem Räucherofen beobachten, der beim »Schlangenkönig« im Gästegarten steht (die hitzeempfindlichen Aale oben, die robusteren Karpfen näher an der Glut unten, dazwischen die Forellen). Zu kaufen sind sie hier natürlich auch. Eine weitere gute Adresse ist Hannelore Ruhnke in Lübben, die im Hof eine kleine, fast private Aalräucherei betreibt (Lieberoser Str. 12, 15907 Lübben, Tel. 0 35 46/70 75). Die bekannten Peitzer Karpfen kauft man, nachdem man sich im Restaurant

»Karpfenklause« von ihrer Qualität überzeugt hat, bei Peitzer Edelfisch (Hüttenwerk 1, 03185 Peitz, Tel. 0 35 601/2 21 12).
Saubere, naturbelassene Obst- und Beerensäfte, speziell einen guten Stachelbeersaft, erhält man bei Hans-Joachim Jank in Burg (Spreewald-Mosterei, Nauendorferstr. 2, 03096 Burg, Tel. 03 56 03/3 92). Und wenn der Magen Schwierigkeiten macht, hält die Cottbusser Kornbrennerei den wohlschmeckenden Spreewaldbitter bereit (August-Bebel-Str. 22-23, 03046 Cottbus, Tel. 03 55/78 00 30).

Holzarbeiten

Früher wurden die Spreeewälder Gurken in unterschiedlich großen Holzfässern und -eimern eingelegt. Hergestellt wurden die Gefäße von Böttchern. Im Zentrum von Burg findet man noch einen Böttcher, der seit 30 Jahren sein Handwerk pflegt: Dietmar Graap (Spreewaldböttcherei Fritz Graap, Kirchweg 19, 03096 Burg, Tel. 03 56 03/5 34). Manchmal besuchen ihn ganze Schulklassen und lassen sich von ihm erklären, wie das Holz »gefeuert«, das heißt in die gewünschte Rundform gebogen und dann zum Gurkeneimer oder zur hölzernen Wasserkanne wird. Einige seiner Produkte besitzen die solide Schönheit eines handwerklich vollkommenen Gegenstands, zum Beispiel der von zwei schmiedeeisernen Ringen umfaßte Henkelbottich. Sehr fein gearbeitet ist sein Modell eines Spreewälder Heuwagens. Aber am schönsten, weil auf klare Form und reines Material vereinfacht, ist sein vierteiliges Eisenbahn-Spielzeug aus glattem, hellem Holz.

An Gelegenheit, »Original Spreewälder Gurken« zu kaufen, mangelt es nirgends

Auch für die Jüngeren kann der Spreewald zum Erlebnis werden. Sie erfahren hier, wie Natur im Urzustand aussieht und wie der Mensch sie verändert.

An erster Stelle muß hier die im wahrsten Sinn hautnahe Erfahrung des Wassers genannt werden. Die schmalen Fließe mit ihrer ungefährlich schwachen Strömung eignen sich vorzüglich für einen Paddelausflug mit Kindern. Wer einmal einen Tag im Boot auf dem Wasser verbracht hat, nimmt einen unverlierbaren Schatz an Beobachtungen mit nach Hause. Um den Spreewald herum liegen außerdem einige Gasthäuser und Bauernhöfe, die auch für Kinder Pferde zum Reiten halten (→ Sport und Freizeit).

Badestrände

Abgesehen von den künstlichen Staubecken haben viele Seen am Spreewald flache, kinderfreundliche Ufer. Beim Seehotel in Burg liegt ein kleiner Badesee direkt vor der Haustür (und alle Freizeiteinrichtungen des dazugehörigen Landhotels, darunter Reiten und der Baby-Zoo, können mitbenutzt werden). Noch umfassender ist das Angebot am Neuendorfer See, im »Natur- und Freizeit-Paradies Hohenbrück«. Hier gibt es am Strandbad neben Camping-

Für Kinder faszinierend: die Wasserlandschaft des Spreewalds

und preiswerten Übernachtungsmöglichkeiten (Matratzenlager) einen Kinderspielplatz, einen Kindergarten sowie Leihboote, Ballonfliegen, Schwimm-, Windsurf- und Segelkurse. Auch die übrigen Campingplätze und Badestrände am Briesener, Schwieloch- und am Großen Mochowsee sind sehr sicher und zumeist kinderfreundlich mit Bootsverleih, Spielplatz und Sportmöglichkeiten ausgestattet.

Besichtigungen

Die Naturwacht Spreewald lädt zu 4- bis 6stündigen **Wanderungen** oder **Radtouren** in viele Gebiete des Biosphärenreservats ein. Jeden Donnerstag um 9 Uhr zum Beispiel beginnt am Kahnfährhafen Burg I eine Fahrradtour in den »Inneren Spreewald«. Auf diesen Führungen werden vor allem die regionaltypischen Biotope, wie Gewässer, Wiesen, Moore und Gewässer, erläutert. Gerngesehene Teilnehmer an solchen Wanderungen sind Familien mit Kindern (Informationen: Naturwacht Burg, Tel. 02 56 03/2 56 oder Fremdenverkehrsamt Burg, Tel. 03 56 03/4 17).

Für technik-, aber auch umweltinteressierte Jugendliche sind natürlich die riesigen Schaufelradbagger in den **Braunkohlengruben** eine faszinierende Sache. Im Tagebau Jänschwalde zum Beispiel steht die Förderanlage F 60, die größte bewegliche Maschine der Welt. Einmal im Jahr veranstaltet die Laubag einen »Tag der offenen Tür« (Info: Öffentlichkeitsarbeit, Tel. 0 35 73/ 78 40 50; Informationszentrum auf der Buga: Tel. 03 55/71 00 36), an dem die stählernen Monster in der Grube besichtigt werden

Der besondere Tip

Kraniche Wenn im Frühjahr die Kraniche ziehen, haben sie es eilig wegen der Aufzucht ihrer Jungen. Im Oktober jedoch sammeln sich bis zu tausend Graue Kraniche an einer Schlafstelle im Spreewald, wo sie einen Tag oder auch eine Woche rasten, je nach Wetter und Nahrungsangebot. Die Fluchtdistanz des Kranichs beträgt 300 Meter; er läßt also kaum jemanden an sich heran. Aber der Schlafplatz, ein ehemaliger Polder von zwei oder drei Hektar mit Erlen- und Grauweidengebüsch, läßt sich mit dem Fernstecher einsehen. Steffen Weiß, von dem dieser Tip stammt, arbeitet bei der Naturwacht Burg, die manchmal kleine Gruppen zu der Schlafstelle führt (und wenn gerade nicht, fragen Sie nach Steffen Weiß, Tel. 03 56 03/2 56).

können. Häufiger werden geschlossene Gruppen durch die Tagebaue geführt, denen man sich aber nach telefonischer Absprache oft anschließen kann.

Am stillgelegten Bahnhof in Burg stehen noch einige alte Waggons der Bimmelguste. Darin hat man ein ganzes Schulzimmer von damals eingerichtet und ein Modell der Spreewaldbahn aufgebaut. Im »Speisewagen« kann man sich sogar etwas servieren lassen (von der Gaststätte »Alter Spreebahnhof«).

Freizeiteinrichtungen

Der erst im Juli 1995 eröffnete **Kulturhof** in der Altstadt von Lübbenau (→ Lübbenau, Am Abend) bietet neben seinem täglichen Programm (Musik, Dia-Vorträge, Workshops) auch ein spezielles Ferien- und Kinderprogramm an. Es umfaßt zu bestimmten Terminen Bastelnachmittage, ein Kinderkino, einen Kindertrödelmarkt, einen Kinderfasching und ein Kindertheater sowie Gruppen für Salzteigbakken, Gipsgießen oder auch mal ein spontanes Stuhldesign. Vorweihnachtliche Kinderveranstaltungen finden im **Schloß** von Lübben statt.

»Die Insel« ist eine Einrichtung des Freizeit-Jugendrings Lübben. Er bietet speziell Eltern mit Kindern eine preiswerte Urlaubs- und Übernachtungsmöglichkeit, die organisierte Bastel- und Spielgruppen ebenso einschließt wie den Verleih von Fahrrädern und Paddelbooten (Tel. 0 35 46/30 40).

Besonders reich ist Cottbus mit Einrichtungen für Kinder ausgestattet. Die Stadt besitzt den größten **Tierpark** Brandenburgs

Wenn die Wasserwege zufrieren, eröffnet sich ein Paradies für Schlittschuhläufer

(170 Arten, 1000 Tiere), der im Sommer eigene Kinderprogramme veranstaltet.

Noch interessanter für Ältere dürfte das **Raumflugplanetarium** sein, in dem auch die Geschichte der Raumfahrt dokumentiert ist. Vor der Wende hieß der Kuppelbau noch »Raumflugplanetarium Juri Gagarin«, und die besondere Betonung lag selbstverständlich auf der sowjetischen Raumfahrt. Seitdem aber wurden zahlreiche Vorträge und Programme »abgewickelt« oder wenigstens überarbeitet. Zusätzlich werden nun laufend neue, akustisch untermalte Programme entwickelt, etwa über das Hubble-Teleskop oder eine Fantasy-Erzählung über unbekannte Intelligenzen im All (»Im Visier der Hyaden«). Drei bis vier Monate arbeiten Autoren und Fotografen an so einem Multimedia-Vortrag.

Die **Bundesgartenschau 1995** hat Cottbus überdies einige neuartige Freizeiteinrichtungen für Kinder und Jugendliche beschert. Die Park-Eisenbahn der Buga (mit einem behindertengerechten Waggon) fährt wieder 3,2 Kilometer weit auf ihrer 600-Millimeter-Spur durch das Gelände. Im Sommer können dort Kinder manchmal unter Aufsicht »mitarbeiten«, etwa Fahrkarten verkaufen, das Abfahrtssignal geben oder das Stellwerk bedienen. Eine Haltestelle ist der Tierpark, eine andere der Eliaspark, ein neuartiger und preisgekrönter Spielplatz am und im Wasser. Hier gibt es ein Fischerboot zum Wippen, mit Steuerrad und Netzausleger, einen Sand- und einen »Matschbereich«, eine »Wackelpyramide« und außerdem im See die hölzerne »Wasserpyramide«. Ferner eine Spiellandschaft mit einem Klangkegelspiel, einer Übereckschaukel, Spiel- und Kletterhügel, eine Röhrenrutsche, ein »Nachtigallen-Wäldchen«, eine Holzpyramide mit Seilbahn, eine Sandseenlandschaft, eine sechseckige Tischtennisplatte (für drei Paare gleichzeitig).

Im nördlichen Stadtteil Schmellwitz, zwischen der Marjana-Domaŝkojc-Straße und dem Saspower Landgraben, liegt seit der Buga 95 der schöne **Abenteuerspielplatz** »Spreewalddörfchen«. Dort findet man wieder einen Wasserbereich, Kletterfindlinge, eine Spreewaldburg mit Wehrgängen, vor allem aber zwei echte Schiffe, komplett mit Steuerruder und Rettungsring, besteigbar über Holzstege, Enternetze oder eine Seilbrücke.

Das **»Haus der Freizeit«** (Spreeufer 14/15, 03046 Cottbus, Tel. 03 55/2 44 57) veranstaltet das ganze Jahr hindurch Aktivitäten für Kinder und Jugendliche, darunter Gruppen für Theaterspiele, Schneidern und Stricken, Malen und Zeichnen. Auch Radtouren für Kinder werden hier zusammengestellt und durchgeführt.

Schließlich besitzt Cottbus für Kinder und Jugendliche ein eigenes Theater, das **»piccolo«,** und außerdem die **Puppenbühne** Regenbogen (→ Cottbus, Kinder).

Der Spreewald ist weithin eine stille und zu vielen Teilen geschütze Landschaft. Betriebsamer Sport findet deshalb eher am Rande statt.

Ein Sportlerparadies ist der Spreewald nicht, schließlich war der labyrinthische Urwald lange Zeit keine Vergnügungsstätte für Besucher, sondern vor allem der Arbeitsplatz tätiger Bauern. Die kleinen Inseln und der mühsam dem Wasser abgerungene Boden waren einfach zu wertvoll, um darauf etwas anderes zu betreiben als den Anbau von Nahrung. Ein weiterer Grund für das vergleichsweise noch geringe Sportangebot liegt in der Vergangenheit der DDR, die vorzugsweise organisierte Gruppenaktivitäten förderte und nicht so sehr den touristischen Individualsport. Trotzdem aber ist im Spreewald, allerdings eher noch in der Umgebung, einiges möglich.

Wassersport

Rund um den Spreewald hat der Braunkohlentagebau große Teile der Landschaft gründlich umgestaltet. Durch die nachfolgende Rekultivierung wie auch durch den Bau von Talsperren sind allerdings auch viele Seen entstanden. Beispiele sind der Senften-

Petri heil: Hier findet noch jeder Angler ein ruhiges Plätzchen

berger See und der Stausee vor der Talsperre Spremberg südlich des Spreewalds. Lange vorher hatten die frommen Bauern des Mittelalters bei Lakoma und anderswo zahlreiche Fischteiche angelegt, um darin ihre Fastenspeise, den Karpfen, zu züchten. Zusammen mit den von Gletschern geschaffenen Becken ist damit in der Lausitz die größte deutsche Seenplatte entstanden.

Nicht alle Seen jedoch sind dem Wassersportler in gleicher Weise zugänglich. Die kleinen Vetschauer und Lakomaer Teiche beispielsweise sind in ihrer natürlichen Form erhalten geblieben, also keine Badeseen, sondern mit wasserreinigendem Schilf bestanden und ein beliebter Nist- und Brutplatz für Wasservögel. In besonderem Maß gilt das auch für die vier neueren Teichgruppen südlich von Schlepzig, die ohnehin unter Naturschutz stehen. Erschlossene Bademöglichkeiten bieten dagegen viele Seen im Norden des Spreewalds, ebenso der große Senftenberger See im Süden. Wasserski ist allerdings auf keinem See am Spreewald erlaubt.

Außer den überall erhältlichen Leih-Paddelbooten können in Lübben und Lübbenau (sowie im »Natur- und Freizeit-Paradies« Neuendorfer See) auch Kanadier und Kanus ausgeliehen werden.

Auch Angler kommen hier zu ihrem stillen Vergnügen, nachdem sie sich eine bei den Fremdenverkehrsämtern problemlos erhältliche Tages- oder Wochenkarte besorgt haben.

Andere Sportarten

Golf und Tennis passen nicht recht in die Landschaft, Plätze dafür sind denn auch so gut wie nicht vorhanden. Es gibt aber immerhin Tennisclubs in Lübben und Cottbus, einen Tennisplatz in Straupitz sowie einen Golfplatz bei Schlepzig.

Häufiger finden Reiter eine Gelegenheit, ihren Sport auszuüben. Die Reiterhöfe (die meist auch Gasthäuser sind) halten allerdings ihre Pferde vor allem für Kinder bereit.

Öffentliche Bowling-Bahnen, zwei insgesamt, bietet nur Cottbus. Sportschützen, die auch während ihres Spreewald-Urlaubs trainieren wollen, haben lediglich in Lübben einen Schießstand. Er gehört zwar einem privaten Verein, der »Schützengilde«, aber an einem Abend pro Woche, am Dienstag, sind auch Gäste willkommen.

Auch Motorsportfanatiker müssen hier nicht ganz auf ihre Liebhaberei verzichten. Eine viertelstündige Autofahrt von Lübben entfernt steht ihnen eine Go-Kart-Bahn zur Verfügung. Luftschiffer aller Spielarten haben am Flugplatz Neuhausen, südöstlich von Cottbus, einen belebten Ausgangspunkt. Hier treffen sich nicht nur die Motor- und Hobbypiloten, sondern auch Segel- und Drachenflieger. Und wer das Ballonfahren als Sport betreibt, findet beim Lausitzer Ballonfahrer-Team eine gute Anlaufstelle (03046 Cottbus, Berliner Str. 9, Tel. 03 55/72 38 60).

Angeln

Neben den größeren Campingplätzen in Lübben und am Großleuthener See stellen Angelkarten aus:

Fremdenverkehrsamt Burg
Am Hafen I
Tel. 03 56 03/4 17

Angel-Center Cottbus
Berliner Str. 2
Tel. 03 55/24 6 23

Anglerbedarf Monika Kube
15910 Leibsch Nr. 11
Tel. 03 54 73/5 18

Go-Kart

Go-Kart-Bahn Spreewaldring
Bei Waldow (etwa 20 km westlich von Lübben an der B 115 oder A 13 Ausfahrt Staakow) liegt die Go-Kart-Bahn. Acht bis zehn Minuten auf dem gutgesicherten 800-Meter-Rundkurs kosten etwa 16 DM.
Tel. 03 54 77/40 40
Im Sommer tgl. 10–22 Uhr

Reiten

Einige Beherbungen und Pensionen am Rand des Spreewalds bieten Reitmöglichkeiten an:

Familie Gummelt
Wotschower Weg 43
03096 Müschen
Tel. 03 56 09/6 04 09

Gasthaus Döring
Dorfstr. 56
15910 Pretschen
Tel. 03 547 6/2 23

Jürgen Noack
Ringchaussee 62
03096 Burg
Tel. 03 56 03/5 51

Pferdehof
Dorfstr. 7
03222 Klein-Klessow
Tel. 0 35 42/29 14

Schießsport

Schießstand Lübben
Die 1425 gegründete Schützengilde zu Lübben betreibt in der Nähe des Bahnhofs, Schützenplatz 1, einen Schießstand. Jeden Dienstag von 18 bis 21 Uhr können auch Besucher mit Kaliber 22 ihre Treffsicherheit prüfen (15 Schuß kosten 8 DM, Waffe und Versicherung eingeschlossen). Auskünfte:
Hilmar H. J. Köhler
Geschwister-Scholl-Str. 8
15907 Lübben
Tel. 0 35 46/387 5

Schwimmen

Neben den Freibädern sind drei Schwimmhallen zugänglich:

Lübbenau
Werner-Seelenbinder-Str.
Tel. 0 35 42/24 68

Cottbus
– Juri-Gagarin-Str.
Tel. 03 55/79 70 10

– Welzower Str.
Tel. 03 55/42 11 05.

Tennis

Tennisplätze sind in zwei Clubs zu finden:

Tennisclub Grün-Weiß in Lübben
Nachtigallenweg
Tel. 0 35 46/48 58

Tennisclub Cottbus
Friedrich-Ludwig-Jahn-Str. 19
Tel. 03 55/3 03 01

Im Spreewald sind Festtage die Höhepunkte eines altehrwürdigen Bauernkalenders im natürlichen Jahreszeiten-Rhythmus der alles bestimmenden Natur.

Das vielfach noch lebendige Brauchtum ist altes sorbisches Kulturerbe. Gefeiert werden ein eigenwilliger »Karneval« im Spätwinter, das Osterfest im Frühling und Erntedank im Herbst. In den Bräuchen haben sich Christliches und Heidnisches, oft nicht mehr erkennbar, miteinander vermischt. So spielen einerseits die Tage Johannis (24. Juni) und Michaelis (29. September) auch im sprachlichen Alltag ihre Rolle. Andererseits verstecken sich im Froschrennen und im Hahnrupfen uralte Fruchtbarkeitsrituale.

Trachten

Noch vor hundert Jahren konnte der sorbische Spreewälder an Form und Stickerei der Frauentracht erkennen, aus welchem Dorf die Trägerin kam. In Lübbenau zum Beispiel, aber auch in Lehde und Leipe, trugen die Frauen zum Fest eine kleine Spitzenhaube und ein schmal besticktes Halstuch, in Traupitz, Vetschau und Burg aber ein kunstreich hochgestecktes Gebilde auf dem Kopf (sorbisch: **lapa**), dazu auffallend bunte, breite Stickereien. An kirchlichen Feiertagen wurden jedoch nur die Farben Schwarz und Weiß getragen, wie es bei den Männern schon länger Brauch war. Nach dem Zweiten Weltkrieg verschwanden die unterschiedlichen Trachtenformen. Erst in neuerer Zeit wurden sie wiederbelebt, gingen nun aber in die auch touristisch attraktive Mischform der »Spreewälder Tracht« ein.

Im Alltag sind die Lapa und bestickte Halstücher und Röcke heute äußerst rar geworden. Man sieht sie aber noch an besonderen Tagen der Brauchtumspflege, so an gelegentlich veranstalteten »Tagen sorbischer Kultur« oder auch auf den großen Spreewaldfesten in Lübben und Lübbenau.

Brauchtum

Ein ungewöhnlicher, sehr naturverbundener sorbischer Brauch ist die **Vogelhochzeit** am 25. Januar, eigentlich ein Kinderfest. Ein kleiner Junge, als Rabe verkleidet, ist der Bräutigam, ein Elster-Mädchen die Braut. So zieht ein veritabler Hochzeitsumzug durchs Dorf, komplett mit einem kleinen Hochzeitsbitter mit Stock und Zylinder.

Etwas seltener als in der Oberlausitz (um Bautzen herum) findet auch in vielen Spreewald-

Beim herbstlichen Hahnrupfen sind Geschick und reiterliches Können gefordert

dörfern zwischen Drei-König und vier Wochen vor Ostern der **Zapust** statt. Dieser Faschingsumzug in Tanztracht hinter einem vorangetragenen Reisigbesen dauert zwei bis drei Tage. Meist beginnt der Zug am frühen Nachmittag an der Dorfgaststätte. Durch seinen Besuch werden mit Musikkapelle, Ansprache und Fastnachtssträußchen besonders verdienstvolle Dorfbewohner geehrt. Weiter verbreitet ist noch das nachfolgende **Zampern**, ein »Heischegang« meist von Jugendlichen, denen nach einem Tanz mit der Hausfrau Geld, Speck und Eier ausgehändigt werden.

Reich an Bräuchen war auch das Frühlingsfest **Ostern**. Das Anzünden des Osterfeuers, das Osterreiten der Bauern und das Ostersingen der Frauen trifft man heute leider kaum noch, auch das mitternächtliche Schöpfen des Osterwassers, das die Frauen gesund und schön erhalten sollte, ist so gut wie ausgestorben. Erhalten hat sich aber die große Kunst der Ostereierverzierung, eine Bemalung in »Reservetechnik«, bei der die weißbleibenden Teile mit Wachs abgedeckt bleiben, nachdem das Muster eingekratzt oder eingeätzt wurde.

Manchmal findet auf Spreewaldfesten noch das **Froschrennen** statt. Dabei laufen junge Mädchen um die Wette, jede mit einem Schubkarren, auf dem früher ein junger Mann saß und heute ein Frosch hockt, der bis ins Ziel nicht verloren werden darf.

Erntedankbräuche

In manchen Dörfern auch der Niederlausitz, zum Beispiel in Neu Zauche, Raddusch oder Naundorf, kann man im August noch das **Stollen**- oder **Stoppelreiten** beobachten, ein Pferderennen über die abgeernteten Felder, bei dem der Sieger einen eigens dafür gebackenen Stollen gewinnt.

Heidnischen Ursprungs ist das **Töten des »Korngeists«** im Herbst, damit sich seine Winterschwäche nicht auf das Wachsen des Korns überträgt. Früher wurde zu diesem Brauch in der letzten Garbe auf dem Feld ein lebender Hahn versteckt. In einer sozusagen zivilisierten Form hat der Brauch als **Hahnrupfen** überlebt. Dabei wird am Querbalken eines geschmückten Holztors, auf einem freien Feld vor dem Dorf, ein schon toter Hahn aufgehängt. Sodann reiten die jungen Männer des Dorfes darunter durch und versuchen, dem Vogel zuerst den Kopf, dann die Flügel auszureißen. Die Sieger und ihre Pferde werden von den Mädchen in bunter Tracht mit großen Kränzen geehrt, und abends bei einem festlichen Tanz wird der Hahn schließlich versteigert. Das Hahnrupfen ist in vielen Dörfern um den Spreewald herum Ende August oder Anfang September ein heute noch lebendiger Erntebrauch. Termine und Treffpunkte erfährt der Besucher dann am besten aus dem reichhaltigen Veranstaltungskalender der lokalen Zeitungen.

Januar
Vogelhochzeit
Neuerdings wieder überall sehr beliebt: ein Kinderfest mit Vogelverkleidungen.
25. Januar

Januar/Februar
Zapust
Faschingsumzug mit Fastnachtstanz und Zampern (Heischegang) in vielen Dörfern. Organisiert vor allem in Burg, Straupitz, Neu Zauche und Schlepzig.

Juni
Schützenfest in Peitz
Mit Preisschießen, Floh- und Trödelmarkt.
Mitte Juni

Stadtfest am Altmarkt
Großes Volksfest in Cottbus, Freitag bis Sonntag.
Mitte Juni

Heimatfest in Luckau
Mit Handwerks- und Bauernmarkt, Schützenfest und Brandenburger Sommerkonzert.
Zweite Junihälfte

Juni/Juli
Stadtfest in Lübben
Mit Schloßfeier, Kunstausstellungen und Führungen.
Mitte Juni

Spreewaldfest in Lübbenau
Mit Wettstaken und Kahnkorso, Konzerten, sorbischen Trachten und Bräuchen, Hahnrupfen und Froschkarren, Tanz und Kinderwiese.
Ende Juni oder Anfang Juli

Juli
Erntedankfest in Burg
Mit Hahnrupfen.

August
Dorffest in Schlepzig
Mit Kahnkorso.
Erstes Augustwochenende

Museumsfest
Im Spreewald-Museum Lehde mit Hochzeitszug, Schaudreschen und -schobern (Heuhaufenbauen), Töpfern, Ostereiermalen, Trachtenstickerei und Blaudruck.

Fischerfest in Peitz
Das traditionelle Anfischen (wer den Ertrag am besten schätzt, gewinnt einen Karpfen) mit Preisschießen, Kinderfest und Flohmarkt.
Zweites Augustwochenende

Heimatfest in Burg
Mit großem Markt, Folkloreprogramm und Trachtenumzug.
Letztes Augustwochenende

September
Dorffest in Lehde
Mit dem Kahnkorso der Bauern.

Spreewaldfest in Lübben
Mit Fischerfest, Kahnkorso, Handwerkermarkt, Volkskunststraße.
Drittes Septemberwochenende

September/Oktober
Michaelismarkt in Straupitz
Mit Festumzug, Handwerkern und Volkskünstlern.

Oktober
Lausitzer Markt
Achttägiger traditioneller Markt im Stadtzentrum von Cottbus.
Anfang Oktober

Fischerfest
Abfischen an den Schlepziger Teichen.
Ende Oktober

Im östlichen Teil des Oberspreewalds zeigt sich die Landschaft rund um die Ortschaft Burg dem Blick nicht mehr dunkel bewaldet, sondern weiter und offener.

Burg

■ C 4

Heckenreihen, Buschraine und Baumgruppen begrenzen gelegentlich die Wiesenflächen. Auffallend sind dazwischen die vielen schmalen, schnurgeraden, sich rechtwinklig kreuzenden Wasserläufe: Entwässerungsgräben, die schon früh zur Gewinnung von Ackerland gezogen wurden. Später siedelte Friedrich der Große seine Soldaten hier an, die »Kolonisten«. Manchem war die Urbarmachung des Sumpfes zu mühsam, aber viele blieben und bauten sich auf dem zugewiesenen »Buschmorgen« ihr Holzhaus. Nicht selten auch ein unerlaubtes, in aller Eile nachts im Mondschein, denn ein einmal errichtetes Gebäude durfte nicht wieder abgerissen werden. So entstand die hier typische Siedlungsform der durch Äcker und Wiesen voneinander getrennten Einzelgehöfte, ein sogenanntes Streudorf.

Von den alljährlichen Überschwemmungen war lange Zeit nur das höher gelegene Burg verschont. Erst nach dem Bau der Umfluter konnten sich auch die

Typische Heuschober im lichten Oberspreewald

entfernteren Bauern sicherer fühlen. Aber noch bis in die 70er Jahre hinein stellten viele ihren Kahn neben der Haustür ab, um bei plötzlichem Hochwasser wenigstens trockenen Fußes fortzukommen.

Leicht könnte man durch die Gemeinde Burg hindurchfahren, ohne sie überhaupt wahrzunehmen. Und doch: Sie ist vermutlich das größte Dorf der Bundesrepublik. Auf einer Fläche von 55 Quadratkilometern liegen die Häuser und Höfe verstreut, die alle zusammen »Burg« heißen. Es besteht aus drei Gebieten: Nur in Burg-Dorf an der Hauptspree verdichtet sich die Bebauung zu etwas wie einem Mittelpunkt, Burg-Kauper (»Anhöhe«) jedoch und Burg-Kolonie sind historische Namen, aber keine geschlossene Ortschaften. Der alte Bahnhof in Burg-Dorf ist eine nostalgische Erinnerung an die Zeit, als die Spreewaldbesucher mit der Bahn aus Cottbus und Lübben hier ankamen. Für die Touristen fährt heute während der Saison nur noch die »Rumpelguste«, eine lustige Nachbildung der Bahn, auf einem 15 Kilometer langen Rundkurs durch die Straßen von Burg.

Sprache und Brauchtum der Sorben haben sich hier am längsten gegen alle Germanisierung erhalten. Deshalb ist das Land um Burg auch ein guter Boden für Sagen und Märchen. Die bemerkenswerteste dieser Geschichten besagt, daß die wendische Königslinie niemals ausgestorben sei, sondern immer ein heimlicher

Üppig und kostbar:
Spreewälder Festtracht

Prinz und Thronanwärter versteckt unter dem Volk lebe. Der deutsche König, der Große Kurfürst Friedrich Wilhelm I., machte sich schließlich auf die Suche nach ihm. Auf einem Bauernhof traf er ihn, aber bevor er ihn ansprechen konnte, schlug der Bauer, um das Geheimnis nur ja nicht aufkommen zu lassen, den jungen König wie einen Knecht und jagte ihn in den Stall.

Aber nicht nur um den versunkenen Palast im Schloßberg ranken sich die Erzählungen wunderlicher Dinge: Auf einer Landkarte von 1880 hat Wilhelm von Schulenburg präzise eingezeichnet, wo hier überall die Lutki, der Nachtjäger und der Nachtfuhrmann, die Irrlichter und die »Frau mit rother Hand« erschienen sind.

Hotels

Landhotel
Wie das unter gleicher Leitung stehende Seehotel ein Haus in eigenwilligem, künstlerischem Stil und modern eingerichtet, erst 1995 eröffnet. Die Zimmer, auch Apartments mit Kitchenette, sind mit allem technischen Komfort versehen, das Frühstücksbuffet gut und reichlich.
Ringchaussee 165
03096 Burg
Tel. 03 56 03/6 46, Fax 6 48 00
45 Zimmer
Untere Preisklasse (AE, DC, EC, Visa)

Romantik-Hotel Zur Bleiche
Wo früher das Leinen für die friderizianischen Uniformen gebleicht wurde, steht das vor kurzem renovierte, aber traditionsreiche Haus: Schon der Lehrer Ewald Müller lobte in seinem gereimten Spreewald-Führer diese »Rast in schatt'gem Gartens Mitten«. Geleitet wird das Hotel vom Ururenkel des Erfinders der »Berliner Weiße mit Schuß«. Sehr angenehme, luxuriöse, wohnliche Zimmerausstattung, besonders in den Suiten (eine davon zweistöckig, mit Glaswand zum Garten). Und das Restaurant ging aus dem landesweiten Gastronomie-Wettbewerb 1995 als Sieger hervor.
Bleichestr. 16
03096 Burg
Tel. 03 56 03/6 20, Fax 6 02 92
57 Zimmer
Obere Preisklasse (AE, EC, Visa)

Seehotel
Mit dem gleichen Komfort ausgestattet wie das Landhotel. Allerdings gibt es im Seehotel kein Restaurant, dafür liegt aber direkt davor ein kinderfreundlicher Baby-Zoo.
Willischzaweg
03096 Burg
Tel. 03 56 03/6 50, Reservierung 6 46, Fax 6 52 50
34 Zimmer
Untere Preisklasse (AE, DC, EC, Visa)

Waldhotel Eiche
In unübertrefflich ruhiger Lage, mitten im schönsten Naturschutzgebiet am Nordfließ, ein moderner Hotelneubau an der Stelle der traditionellen »Eiche«. Das Tagungs- und Seminarhotel bietet fünf Konferenzräume, drei Restaurants, Bar und Wintergarten, Solarium und Dampfbad, Sauna und Fitneßraum, Kinderspielplatz und Kahnhafen.
Eicheweg 1
03096 Burg
Tel. 03 56 03/6 43, Fax 6 01 84
61 Zimmer
Obere Preisklasse (AE, EC, Visa)

Der wuchtige Bismarckturm in Burg

Sehenswertes

Arznei- und Gewürzpflanzen-Garten
An der Byhleguhrer Straße, auf halbem Weg zwischen Burg-Dorf und dem Schloßberg, liegt hinter einer alten Scheune ein entzückender, gut gepflegter kleiner Garten, in dem man all den sorbischen Heilpflanzen und Gemüsen begegnet, die der Städter meist kaum noch dem Namen nach kennt: Da stehen – auf verwaschenen Holzschildern mit Namen bezeichnet – Jelängerjelieber und Zitronenmelisse, duftende Kamille und blühender Tabak, ein Estragonbusch, Meerrettich, Baldrian und Adonisröschen. Auf der Erde wachsen kleine Gurken und riesige Kürbisse. Das Grundstück gehört dem Biosphärenreservat, das es vielleicht zu einem Informationszentrum ausbauen wird. Schon jetzt werden im Sommer jeden 1. und 3. Sonntag im Monat Führungen veranstaltet.
0,5 km nördlich von Burg-Dorf
Tel. 03 56 03/6 06 54 (Biosphärenreservat)
Mai-Okt. tgl. von 9–15.30 Uhr

Schloßberg und Bismarckturm
Wenn eine Anhöhe auch nur 9 m hoch ist, kann sie hier ohne weiteres Berg heißen. Steht darauf noch ein 27 m hoher Turm, so reicht der Rundblick weit und ungehindert bis zu den Kraftwerken Lübbenau sowie Jänschwalde im Norden von Cottbus. Der kantige Turm aus Calauer Klinker sollte einst die Stärke und Weitsicht des Kanzlers symbolisieren. Eine alte Kultstätte ist der Berg, auf dem der Bismarckturm steht. Er wird Schloßberg genannt, weil der Sage nach das Schloß des Wendenkönigs darauf stand, bevor es mit allen Schätzen in der Erde versank. Andere Sagen und Legenden von ermordeten Gästen, verwunschenen Jungfrauen und unterirdischen Gängen knüpften sich ebenfalls gern an diesen Ort. Auf jeden Fall ist hier ein unregelmäßiger ovaler Erdwall zu sehen, eine urgeschichtliche Burganlage, in der man Werkzeuge und Schmuck aus der Bronzezeit gefunden hat. Mitten hindurch schneidet noch die Trasse der früheren Spreewaldbahn.
Etwa 1 km nördlich von Burg-Dorf
Tel. 03 56 03/3 03
April-Okt. Di–So 10–18 Uhr

Museum

Heimatmuseum Dissen
In den drei Etagen des ehemaligen Schulhauses, einem Jugendstilbau von 1908, hat die Familie Jahn mit bewundernswerter Hingabe, die oft die fehlenden Finanzmittel ersetzen mußte, vieles gesammelt, was einmal zum Leben der sorbischen Bauern gehörte: Arbeitsgeräte, Festtrachten, Brautkleider, bestickte Strumpfbänder, einen Webstuhl, eine möblierte Wohnstube, eine komplett eingerichtete Küche, dazu Zeitdokumente und Fotos, auf denen noch das Ostersingen zu sehen ist. Die Sammlung hält mit Liebe und Trauer die Erinnerung an eine vor unseren Augen verschwindende Kultur wach. Den kleinen Ausflug (von Burg-Dorf östlich über Werben, Guhrow, Briesen und Striesow) nach Dissen sollte kein Besucher versäumen. Es lohnt sich auch, im Erdgeschoß Frau Erika Jahn herauszuklopfen: Sie ist eine gute Erzählerin.
Dissen, Dorfstraße (Alte Schule)
Tel. 03 56 06/4 09 38 (Frau Jahn)
April-Okt. Di, Mi, Do 9–12, 13–16, Sa/So 14–17 Uhr

Essen und Trinken

Spreewaldbahnhof Burg
Eine einfacher Fachwerk-Gasthof (mit Pension), der aber Essen einmal anders bietet: in einem stillgelegten Bahnhof, unter seinem grünen Dach frisch restauriert. Zuerst kann man sich in den verschiedenen musealen Waggons umsehen und mit dem Modell der Spreewaldbahn spielen (wenn es gerade funktioniert). Dann läßt man sich das Bestellte entweder in bequemen Korbstühlen auf der verglasten Terrasse servieren oder kleine Speisen mit frischgebackenem Brot in den »Speisewagen« bringen, der vor dem Gebäude noch auf seinen Gleisen steht. Nicht ganz zu Unrecht nennt sich der Ort »Erlebnisbahnhof«.
Am Bahnhof 1
Tel. und Fax 03 56 03/8 42
Untere Preisklasse

Waldschlößchen
Wieder eine, wenn auch nicht die bekannteste der traditionellen Ausflugsgaststätten des Spreewalds, direkt am Kahnhafen II in Burg gelegen, mit einem hübschen Gästegarten unter den Bäumen am Fließ. Das regionaltypische Essen ist einfach und kräftig, man sitzt angenehm und gemütlich in der kleinen, dunkel holzgetäfelten Stube, und außerhalb der Saison findet man auch immer einen Platz.
Waldschlößchenstr. 29
Tel. 03 56 03/4 09
Mittlere Preisklasse

Kulinarischer Ort für Eisenbahnfreunde: Spreewaldbahnhof Burg

Service

Auskunft

Fremdenverkehrsamt
Am Hafen 1
03096 Burg
Tel. 03 56 03/4 17

Bibliothek

Amtsbibliothek
Hauptstr. 40
Tel. 03 56 03/5 49

Biosphärenreservat

Außenstelle Oberspreewald
Spreestr. 27 a
Tel. 03 56 03/6 06 54

Bootsverleih

Bootshaus Conrad
Schwarze Ecke 1
Tel. 03 56 03/3 41 (auch Kanus und Ruderboote)

Bootshaus Rehnus
Waldschlößchenstr. 39
Tel. 03 56 03/3 66 (auch Kanu und Kajak)

Bootsverleih Lukas
Willischzaweg 42
Tel. 03 56 03/8 67

Fahrradverleih

Gaststätte
Alter Spreewaldbahnhof
Am Bahnhof 1
Tel. 03 56 03/8 42
(mit Picknick-Service)

Zweiradhaus Schmidt
Bahnhofstr. 17
Tel. 03 56 03/3 76

Fundbüro

Amtsverwaltung Burg
Jugendherbergsweg 2
Tel. 03 56 03/6 82 11

Kahnfahrten

Kahnfährhafen Burg Kauper
Waldschlößchenstr. 29
Tel. 03 56 03/5 36

Vereinigte Kahnfährleute
Am Spreehafen 1
Tel. 03 56 03/8 60

Kutschfahrten/Reiten

Kurt Dirlack
(nur Kutschfahrten)
Koloniestr. 24
Tel. 03 56 03/4 04

Jürgen Noack
Ringchaussee 62
Tel. 03 56 03/5 51

Pferdepension Gummelt
03096 Müschen (südlich Burg)
Wotschower Weg 43
Tel. 03 56 03/6 04 09

Post

Hauptstr. 53
Tel. 03 56 03/2 01

Taxi/Mietwagen

Rudi Dahley
Ringchaussee 79
Tel. 03 56 03/6 03 65 oder 01 72/3 86 07 87

Wanderungen

Naturwacht Spreewald
(Biosphärenreservat)
An der Hauptspree 10
Tel. 03 56 03/2 56

Ausflugsziele

Straupitz ■ C3

Der Ort am Nordrand des Oberspreewalds feierte 1994 sein 700jähriges Jubiläum. Straupitz ist nicht etwa nur ein Dorf, sondern hat seit 1629 den Status eines Marktfleckens. Und dieser Titel ist Verpflichtung: Seit einigen Jahren werden mit gutem Erfolg die ehrwürdigen Markttage wiederbelebt, die früher überall in der Region an Johannis und Michaelis abgehalten wurden. Die politischen und wirtschaftlichen Umstürze seiner langen Geschichte haben Straupitz schwer getroffen. Manches Schöne ist dabei untergegangen. Anderes wurde umfunktioniert, wie etwa das alte Schloß; an seine einstige Pracht erinnern nur noch zwei graue Obelisken am Eingang des Schloßbezirks und ein kleiner Park. Aber Straupitz besitzt eine Kostbarkeit der Architekturgeschichte, eine Kirche, die alles dörflich Kleine überragt.

Sehenswertes

Dorfkirche TOP TEN 10

Nach den Napoleonischen Kriegen brauchte der Ort eine neue Kirche. Am 18. Oktober wurde der Königlich Geheime Oberbaurat Karl Friedrich Schinkel um einen Entwurf gebeten. Knapp acht Wochen später lieferte er die Pläne, am 2. Mai 1832 wurde der Grundstein gelegt, und nach vierjähriger Bauzeit, unterbrochen von kalten Wintern, wurde die fertige Kirche am 5. August 1828 eingeweiht. Sie hatte 30 000 Taler gekostet (zum Vergleich: Das Berliner Schauspielhaus kostete damals 860 000 Taler).

Die neoklassizistische Fassade, eine harmonische Balance zwischen senkrechten und horizontalen Baukörpern, ist mit zwei hohen dreigeschossigen Türmen besetzt. Das Innere zeigt kühle Grün- und Goldockerfarben, ist insgesamt aber in strahlendem Weiß gehalten. Durch die flache Decke in pompejanischem Rot sind die Farbwirkung

Schinkelsches Kleinod in der Provinz: die Dorfkirche in Straupitz

und der äußere Lichteinfall weich gedämpft. Der Kirchenraum hält eine schnörkellose Linienführung aufrecht und strahlt eine befreiende Helle und Klarheit aus. Da wegen der Grundwasserabsenkung der Westgiebel durch einen Riß gefährdet war (schon 1932), wurde 1993 bei der Gesamtrenovierung die Kirche auf ein neues Fundament mit 17 m tiefen Betonpfählen gestellt.

Windmühle
Die meisten der früheren Mühlen im Spreewald waren naturgemäß Wassermühlen. Es gab aber auch einige Windmühlen. In Straupitz steht noch eine alte Holländermühle: Man hat ihr zwar die Flüge abgenommen, aber alle drei Funktionen (Kornmahlen, Leinölpressen und Holzschneiden) sind wieder instand gesetzt und werden manchmal vorgeführt. Man glaubt, daß es die weltweit letzte Mühle mit drei Gewerken ist.
Tel. 03 54 75/1 69 97

Einkaufen/Feste

Johannis- und Michaelismarkt
Seit einigen Jahren finden jeweils an dem Samstag, der dem 24. Juni (Johannis) bzw. dem 29. September (Michaelis) am nächsten ist, im Schloßbezirk wieder die beiden traditionellen Markttage statt. Neben den Verkaufsständen, die vor allem für die Bauern der Region von Bedeutung sind, erwartet die Besucher ein farbiges Veranstaltungsangebot. Da treten Clowns auf, die Feuerwehr mit Blasmusik, der Männerchor mit Heimatliedern. Töpfer, Korbflechter und Harkenmacher zeigen die alten Handwerkskünste. Es gibt frischgebackenes Brot und Hefeplinsen. Kinder formieren sich zu einem Trachtenumzug, und bei schönem Wetter ist auch ein Kahnkorso unterwegs.

Service

Auskunft

Heimat- und Fremdenverkehrsverein
Kirchstr. 29
15923 Straupitz
Tel. 03 54 75/7 71 (nur 14–18 Uhr)

Fahrradverleih

Roland Haupt
Lübbener Str. 45
Tel. 03 54 75/4 47

Kahnfahrten

Heinz Tischer
Eisenbahnstr. 15
Tel. 03 547 5/5 00

Kutsch- und Kremserfahrten

Fritz Kasprick
Lübbener Str. 19
Tel. 03 54 75/1 59 87

Heinz Tamaschke
Lübbener Str. 25
Tel. 03 54 75/3 32

Post
Kirchstr. 11
Tel. 03 54 75/2 20

Reiten

Siegfried Jerol
Mühlendorf 13
15913 Byhleguhre
Tel. 03 54 75/4 32

Pferdehof Wehlan
Mühlendorf 1
15913 Byhleguhre
Tel. 03 54 75/5 90

Eine der erhaltenen Windmühlen im Spreewald: Holländermühle in Straupitz

Suschow und Fleißdorf ■ C4

Die beiden Dörfer zwischen Burg und Vetschau sind vor allem wegen ihrer Siedlungsform sehenswert: Sie zeigen die seltene Gestalt eines Sackstraßendorfs. In **Fleißdorf** hat man zwar am unteren Ende der Sackstraße eine Stichverbindung zur außerhalb verlaufenden Straße nach Naundorf geschaffen, aber die ursprüngliche Form der Ansiedlung ist deutlich erkennbar.

In **Suschow**, das seine alte Gestalt nicht ganz so treu bewahren konnte, findet der Besucher zum Ausgleich aber einige der besterhaltenen Fachwerkhöfe des ganzen Spreewalds. Insbesondere die Wohnbauten Gasse 6 und 7 lohnen einen längeren Blick. Das Haus 7 besteht im übrigen aus zwei nacheinander errichteten Teilen: Dem Wohnbau wurde am Giebel später eine kleinere Kammer mit einer darüberliegenden Laube vorgesetzt. Diese Hausform findet man gelegentlich noch im benachbarten Burg. Das schönste Suschower Fachwerkhaus (die frühere Hausnummer 16) steht heute allerdings im Freilichtmuseum Lehde.

Vetschau ■ C4

Das kleine Vetschau ist schon über tausend Jahre alt und damit eine der ältesten Siedlungen der ganzen Niederlausitz. Im Lauf dieser langen Geschichte hatte die Stadt immer wieder mit schweren Schicksalsschlägen zu kämpfen. Kaum war der »Schwarze Tod« vorübergegangen, äscherte ein Großfeuer im Jahr 1619 fast alle Häuser ein. Kurze Zeit später zogen die Landsknechte des Dreißigjährigen Krieges marodierend durch die Straßen, in ihrem Gefolge kam eine abermalige todbringende Pestepidemie über die Einwohner.

Mit Lübbenau teilt Vetschau zudem das Schicksal, neben einem Braunkohlekraftwerk zu leben. Seit April 1964 in Betrieb, brachte es vielen Vetschauern Arbeit und schenkte der Stadt eine kurze Zeit der Blüte, bis es Ende Juni 1996 stillgelegt wurde. Aber auch diesen Rückschlag werden die traditionell in Handel und Wandel erfahrenen Bewohner zu ihren Gunsten wenden. Wie überhaupt der Stadt ein starker Überlebenswille anzusehen ist. Durch Neubauten und Renovierungen präsentiert sie geschickt ihr hübsches Erscheinungsbild.

Wieder häufiger zu beobachten: Weißstorch im Nest

Die Altstadt hat immer noch einen entzückenden Mittelpunkt, das siebenseitige Schloß von 1540 (in dem heute die Stadtverwaltung untergebracht ist) mit erkennbaren Elementen einer Burganlage aus der Renaissance. Gut erhalten ist auch der festliche Rittersaal mit einer feinen Stuckdecke; die allegorischen Wandgemälde der vier Jahreszeiten allerdings sind bei diversen Umgestaltungen leider entfernt worden. In dem kleinen Eichen- und Rotbuchen-Park erhebt sich ein stattliches Kavaliershaus. Wenn man nach einem Rundgang auf die Schloßstraße kommt, so liegt gleich linker Hand im Schatten der Bäume ein charmanter Fachwerkbau, das älteste Haus der Stadt. Von dieser Altstadtidylle aus fällt der Blick dann auf einen mächtigen Kirchturm. Er ist das Wahrzeichen der Stadt und die dazugehörige Kirche ein ganz und gar ungewöhnlicher Anblick.

Sehenswertes

Doppelkirche

TOPTEN 9

Als nur die »Wenden« ihre eigene Kirche im Dorf hatten, begnügten sich die »Deutschen« mit einer winzigen, daran angebauten Kapelle. Weil sich aber die wendischen und deutschen Pfarrer nicht recht vertrugen und wohl auch die Kapelle allmählich zu klein wurde, beschloß man den Bau einer neuen, der »Deutschen Kirche«, unmittelbar neben der bisherigen. Am 30. Januar 1694 wurde sie eingeweiht. Seitdem stehen nun, wie siamesische Zwillinge, die beiden Kirchen Wand an Wand nebeneinander. Nur Turm und Sakristei haben sie gemeinsam. Diese Doppelkirche ist ein in Deutschland einmaliges Monument.

Nachdem in der wendischen Kirche 1976 der letzte Gottesdienst gehalten wurde, verfällt sie, ebenso die leere Sakristei. Pläne zu einer würdigen Umwidmung wurden gefaßt, aber nicht realisiert. Auch die »Deutsche Kirche« hat eine recht

Kanzel, Altar und Fürstenloge im »deutschen« Teil der Vetschauer Doppelkirche

wechselvolle Vergangenheit. Nach 1850 wurden die Wände neugotisch ausgeschmückt, dann abgewaschen und mit Neo-Rokoko-Putten versehen, bevor man um 1970 alles kurzerhand weiß übermalte. Aber immer noch eindrucksvoll sind ein protestantischer Beichtstuhl, der schöne Trompeten-Engel auf der Kanzel und der reichverzierte Balkon der Fürstenloge. Ein neugieriger Blick hinter den Altar enthüllt eine versteckte Frechheit: den nackten Hintern eines Holzengels.
Besichtigung auf Anfrage im Pfarramt
Schloßstr. 29

Radduscher Burgwall
Wer in Raddusch (ca. 4 km nordwestlich von Vetschau) die Autobahn unterquert und danach links abbiegt, kommt nach einigen hundert Metern, unmittelbar am Rand der Braunkohlengrube Seese-Ost, auf den Schwarzen Acker, auch Pschenetznik (»Weizenfeld«) oder Lutchenberg genannt. Darauf steht das urtümlichste Denkmal der Spreewälder Siedlungsgeschichte: eine alte slawische Wallburg aus dem 9. Jh.

Eigentlich sollte auch dieser Burgwall wie viele andere der Braunkohle zum Opfer fallen. Er hatte allerdings das Glück, daß er vorher noch archäologisch untersucht werden mußte. Und das schenkte ihm kostbare Zeit. Denn die Grabungen und Analysen waren 1989 noch im Gang, und die seit der Wende verminderte Förderung rettete das ehrwürdige Monument vor dem Bagger.

An der Krone hat der wuchtige Rundwall einen Durchmesser von 43, am Außenfuß von 85 m. Im wenig geräumigen Innern drängten sich früher die Wohnbauten, die direkt an den Erdwall angebaut waren. Bei den Ausgrabungen fand man einen 12 m tiefen Brunnenschacht aus sechs sich verjüngenden Holzkästen. Der Graben und das 19 m lange Tunneltor wurden mit der Zeit verschüttet. Man vermutet, daß der Burgwall der Sitz eines sorbischen Adligen war und im 10. Jh. kampflos, da ohne Brandspuren, aufgegeben wurde.

Seit 1996 erhält dieses lange mißachtete, grasüberwachsene Monument endlich die verdiente Aufmerksamkeit: Der Weg dorthin wurde ausgeschildert, zumindest geplant ist eine Tafel mit Erläuterungen.

Museum

Weißstorch-Informationszentrum Niederlausitz
Der Weißstorch war einmal typisch für die Region. Er ist ein »Kulturfolger«, braucht aber eine gesunde Umwelt für seine Nahrung. Sein Verschwinden ist daher immer ein böses Zeichen. Früher im Spreewald ein häufiger Gast, war er jahrelang bestandsgefährdet, wird aber in der Lausitz allmählich wieder heimisch.

Die Ausstellung erläutert anschaulich die natürlichen Lebensgrundlagen des Weißstorchs und die verschiedenen Orte für den Nestbau. Es zeigt auch die tödlichen Gefahren, die dem Storch von Strommasten drohen, die ohne Rücksicht auf Tiere gebaut werden.
Drebkauer Str. 2
Tel. 03 54 33/41 00
Mo–Fr 10–12, 13–15,
Sa/So 10–16 Uhr

Service

Auskunft

Stadtverwaltung Vetschau
Schloßstr. 10
03226 Vetschau
Tel. 03 54 33/7 77 65

Zwischen dem idyllischen Spreewald im Westen und dem Braunkohlentagebau im Osten liegt die geschäftige Großstadt mit wechselvoller Vergangenheit.

Cottbus

■ D4

Kurz vor dem Wasserlabyrinth des Auenwaldes fließt die Spree durch Cottbus, die zweitgrößte Stadt Brandenburgs. Im Norden der Stadt trifft die Spree sich beinahe mit der kleineren Malxe, dann laufen die zwei Flüsse neben- und miteinander auf Burg zu und teilen sich schon auf dem Weg in verzweigte Seitenarme. Cottbus wäre 1930 um ein Haar tausend Jahre alt geworden. Aber rechtzeitig vor dem großen Jubiläum entlarvten Historiker die Stadtgeschichte als Fälschung des Andreas Hosemann aus dem 16. Jahrhundert. Erstmals verläßlich erwähnt findet sich die Stadt erst in einer Urkunde von 1156. Cottbus und das nördlich gelegene Peitz waren in der frühen Neuzeit strategisch wichtige Festungen der preußischen Könige. Zwangsläufig wurden sie von jedem Krieg heimgesucht. Im 18. Jahrhundert wurden die Befestigungen dann geschleift, nur der große Turm in Peitz blieb stehen. Aber noch einmal, und zwar besonders unsinnig, wurde Cottbus zur Festung erklärt: im April 1945. Wieder flohen die Menschen in den unzugänglichen Spreewald, bevor ihre Häuser in Schutt und Asche fielen. Heute hat die aufblühende Großstadt am Rand des Spreewalds fast 130 000 Einwohner. Wer mit offenen Sinnen durch die Straßen geht, erlebt das Panorama einer kompletten Stadtgeschichte. Da stehen die Reste einer mittelalterlichen Wehrmauer in der Nachbarschaft eines spät mit Renaissance-Zinnen geschmückten Torturms, stolze Bürgerhäuser gegenüber der Architektur der Gründerjahre, alte Industrie-Denkmäler und ornamentaler Jugendstil fast Seite an Seite mit der gesichtslosen »Platte«.

Die heutige Anlage der Stadt ist dem in Cottbus unvergessenen Bürgermeister Paul Werner zu verdanken. Um die Jahrhundertwende legte er auf der Spreeinsel den heutigen Goethe-Park an, danach als Verbindung zum Schloß Branitz den großen Außenpark, sodann den Nord- und den Südpark, dazu Spazierwege und Promenaden an der Spree und den Schillerplatz (auf dem wenig später das berühmte Theater errichtet wurde). Kurz: Er verwandelte, getreu seiner Devise »Cottbus muß das grüne Herz Ostdeutschlands werden«, die Industriemetropole in einen blühenden Garten.

Der Turm der Oberkirche St. Nikolai überragt die Altstadt von Cottbus

Hotels

Best Western ■ f 3
Das frühere »Branitz« (Lausitzer Congress Centrum) hat unter neuer Leitung den Charakter eines modernen Hotels mit gastlicher Unterbringung und einem aufmerksamen Service angenommen. Sehr ruhige Lage abseits des Innenstadttrubels unter Birken im Grünen und ganz in der Nähe des Branitzer Parks. Mehrere gute Restaurants und Salons, außerdem Billard-, Kegel- und Tischtennisraum, Sauna, Massage und Solarium. 205 komfortable Zimmer.
Heinrich-Zille-Str. 1-6
03042 Cottbus
Tel. 03 55/7 51 00, Fax 71 31
205 Zimmer
Mittlere Preisklasse (AE, DC, EC, Visa)

Holiday Inn ■ b 2
Familienfreundliches Hotel mit bewährter Ausstattung der Holiday-Inn-Klasse; mit Restaurant und Bierbar.
Berliner Platz
03046 Cottbus
Tel. 03 55/36 60, Fax 36 69 99
Reservierung zentral
in Deutschland Tel. 01 30 81 51 31,
in Österreich Tel. 06 60 85 95
195 Zimmer
Mittlere Preisklasse (AE, DC, EC, Visa)

Maritim ■ a 4
Das größte und nobelste Hotel der Stadt, ein 1994 eröffneter neunstöckiger Viertelkreis mit überragendem Turm und angebauter Ladenpassage, beherrscht den Bahnhofsvorplatz. 241 nicht übermäßig großräumige, aber bequeme und mit allem Komfort versehene Zimmer (auf der 8. Etage sogar mit Faxtelefon und Modem-Anschluß). Hallenschwimmbad und Fitneßbereich im 9. Stock, im Erdgeschoß eine Piano-Bar und zwei Restaurants, dazu ein umfassendes Angebot an Arrangements und Ausflügen in den Spreewald, die »Energiemetropole Cottbus« oder »Auf den Spuren des Fürsten von Pückler«.
Vetschauer Str. 12
03048 Cottbus
Tel. 03 55/4 76 10, Fax 4 76 19 00
230 Zimmer
Luxusklasse (AE, DC, EC, Visa)

Sorat ■ b 2
Auf historischem Boden, Ecke Schloßkirchstraße und Spremberger Straße (Fußgängerzone), liegt das neuartige Mittelklasse-Hotel Sorat. Empfang und Frühstückscafé sind in einem Altbau untergebracht, die 96 Zimmer und sechs Apartments in einem neueren Anbau, im Untergeschoß gibt es sogar noch ein historisches Kellergewölbe. Das Innendekor ist farblich hell und ein wenig kühl gehalten, aber funktional und bequem, nach dem selbstgewählten Motto »Alte Mauern, neue Ideen«. Fröhlicher, gutgelaunter Service.
Schloßkirchplatz 2
03046 Cottbus
Tel. 03 55/7 84 40, Fax 2 44
95 Zimmer
Obere Preisklasse (AE, EC, Visa)

Waldhotel
Etwas außerhalb der Stadt, an einem ruhigen Waldweg abseits der Straße nach Burg, ein modern-rustikales, behagliches Haus unter hohen Kiefern. Zum Frühstück wird ein reichhaltiges Buffet geboten, in den Restaurants »Hubertus« (mit Terrasse) und »Waldhausstuben« gediegene regionale Küche.
Drachhausener Str. 70
03044 Cottbus
Tel. 03 55/8 76 40, Fax 8 76 41 00
51 Zimmer
Mittlere Preisklasse (AE, EC, Visa)

Sehenswertes

Raumflugplanetarium ■ c 3

Das Hubble-Raumteleskop, präzise Projektionstechniken und Computersimulationen machen es möglich, aus nächster Nähe die Geburt eines neuen Sterns, den Einschlag der Kometenbrocken auf dem Jupiter oder auch nur Astronauten beim Weltraumspaziergang zu beobachten. Daneben werden im Planetarium Spezialprogramme und Filmvorträge entwickelt, zum Beispiel eine allgemeine Einführung in die Astronomie oder die Entstehung der Galaxien, aber auch die (fiktive) Entdeckung der Erde durch außerirdische Intelligenzen. Nicht nur für Kinder faszinierend.
Lindenplatz 21
Tel. 03 55/71 31 09

Schillertheater ■ a 3

TopTen 5

1878 hatte der Cottbusser Hofphotograph Wieland der Stadt 1000 Taler vermacht mit der Auflage, damit ein Theater zu bauen. Als es 1905 endlich dazu kam, berechneten sich die Kosten schon auf 800 000 Mark. Gebaut wurde nach einem Plan des Architekten Bernhard Sehring, der das Theater des Westens in Berlin und das Düsseldorfer Schauspielhaus entworfen hatte. Das Schillertheater in Cottbus wurde seine reifste architektonische Leistung.

Das frei im Park stehende, einst strahlend weiße, heute beige-graue Gebäude zeigt ein Ensemble aus ineinandergeschobenen, teils geraden, teils gerundeten Baukörpern, deren Außenwand nur von wenigen schmalen Fenstern durchbrochen wird. Ihre schmucklosen Flächen lassen die Jugendstilformen in reinster Harmonie hervortreten. Nur die hohen Gesimse tragen eine Reihe von Plastiken, die auf das Theatergeschehen und das ausgewogene

Das Raumflugplanetarium informiert über Entwicklungen in der Astronomie

Dekor im Innern verweisen. Eröffnet wurde das Schillertheater am 1. Oktober 1908 mit Lessings »Minna von Barnhelm«.
Schillerplatz 1
03046 Cottbus
Besucherservice: Tel. 03 55/7 82 41 40

Schloß und Park Branitz ■ e 5/f 6
Hermann von Pückler, seit 1817 verheiratet mit Lucie Gräfin Pappenheim, litt unter starkem Geldmangel. Also ließ er sich einvernehmlich scheiden und ging nach England mit dem Plan, dort eine reiche Erbin zu ehelichen. Wieder zu Hause in Muskau, sollte daraus eine finanziell sorglose und harmonische Ehe zu dritt werden. Der schöne Plan schlug fehl, die reiche Engländerin fand sich nicht. Währenddessen jedoch schrieb Pückler aus England

TopTen 6

Hunderte von Reisebriefen an die treue Lucie. Sie tilgte daraus alles erotisch zu Deutliche und bereitete sie zur Veröffentlichung vor. Als Pückler unverrichteter Dinge heimkam, konnte das Buch (»Briefe eines Verstorbenen«) erscheinen und wurde sofort ein Bestseller, nicht zuletzt dank einer rauschenden Rezension Goethes. Und Pückler konnte sich fortan ungehemmt seiner Liebhaberei widmen: der Gartenkunst. 1845 kaufte er das vernachlässigte Barockschloß Branitz und richtete es mit allen Kostbarkeiten der Epoche und eigenen exotischen Sammelstücken ein. Vor allem aber legte er in der Umgebung einen 95 ha großen Park an: »Man war plötzlich«, schrieb eine Zeitgenossin, »von der bezauberndsten, anmutigsten, lieblichsten Landschaft umgeben, als wenn die Natur sie selbst gepflanzt hätte.« Das Glanzstück des extravaganten Fürsten ist auf einer Insel im See die begrünte Pyramide, in der sein Herz begraben liegt.

Nebenbei: Der gesamte Parkboden ist zur Bewässerung von einem unterirdischen Rohrsystem durchzogen, um der braunkohlebedingten Grundwasserabsenkung entgegenzuwirken.

Unverwechselbar: die originelle Jugendstilfassade des Schillertheaters

Fürst-Pückler-Museum, Schloß Branitz
Zum Kavaliershaus 11
03042 Cottbus
Tel. 03 55/75 15 55
Di–So 10–12, 12.30–17 Uhr
(April–Okt. bis 18 Uhr)

Museen

Niederlausitzer Apothekenmuseum ■ b 2

Im Jahr 1568 erhielt der Stadtarzt Peter Cnemiander durch den Markgrafen Johann von Küstrin das Privileg zur Führung seiner Löwen-Apotheke. Schon drei Jahre später konnte er sie eröffnen. Es gibt sie noch heute, im Vorderteil seines Hauses sogar als moderne Apotheke, an ihrem angestammten Platz am schön renovierten Altmarkt.
In den Gewölben und im Keller des Hinterhauses ist nun das Apothekenmuseum untergebracht, im Innenhof der einzige noch wasserführende Brunnen der Innenstadt mit einer Tiefe von fast 10 m.
Neben historischen Glaskolben, Urkunden und Büchern sind die drei vollständig bestückten Offizine das Schmuckstück der Sammlung: Kräuter-, Giftkammer und Galenisches Labor, in denen Arzneimittel angerührt und gelagert wurden.
Altmarkt 24
Tel. 03 55/2 39 97
Führungen Di und Fr 11–14, Sa/So 14 Uhr

Spreewaldmühle

An einem alten Fachwerkhaus, das auf Pfählen in den weichen Boden gebaut wurde, dreht sich noch immer das Rad der letzten unterschlächtigen Wassermühle Ostdeutschlands. Hier wurden bis in unser Jahrhundert hinein noch Hirse und Getreide gemahlen. Im Innern gibt die Ausstellung »Vom Korn zum Mehl« einen Einblick in die Geschichte und des Handwerks.
Am Großen Spreewehr 2
Tel. 03 55/70 00 03
Mai–Mitte Okt. Mi/Fr 10–18, Sa/So 14–18 Uhr

Die Seepyramide im Schloßpark Branitz birgt die Grabstätte des Fürsten Pückler

Stadtmuseum ■ a 2
Eine moderne, nach der Wende neu und mit zeitgemäßer Museumspädagogik eingerichtete Sammlung wertvoller Objekte der Heimat- und Stadtgeschichte. Zu sehen sind unter anderem ein schönes Modell von Cottbus um 1780, dramatische Gemälde der Stadt- und Schloßbrände sowie die zwei schwarzen Köpfe, die an den großen Brand von 1671 erinnern, aber auch Darstellungen aus der großen Zeit der Textilwirtschaft, darunter ein originaler Teppichknüpfstuhl von 1895.
Bahnhofstr. 52
Tel. 03 55/70 10 73
Di–Fr 8.30–17, Sa/So 14–18 Uhr

Essen und Trinken

Bistro Arcade ■ a 4
Von der Eingangshalle des Maritim Hotels Cottbus nach rechts betritt man ein elegantes Restaurant, das den zu bescheidenen Namen Bistro führt. Eine wöchentlich wechselnde Speisekarte führt sehr verfeinerte, trotzdem nicht zu spärlich aufgetragene Gerichte der internationalen Neuen Küche vor. Besonders einfallsreich und schön serviert: die Vor- und Nachspeisen. Der Chefkoch Konrad A. Wackerle, ein gebürtiger Bayer, hat sein Können in der Karibik erlernt und in zwei anderen Maritim-Hotels, darunter am Timmendorfer Strand, vervollkommnet. Freundlicherweise werden nicht nur große französische Weine, sondern – in halben Flaschen – auch andere gute Gewächse angeboten. Das Bistro wurde 1995 und 1996 von der Zeitschrift »Der Feinschmecker« in den Kreis der besten deutschen Restaurants aufgenommen.
Vetschauer Str. 12
Tel. 03 55/4 76 10
Obere Preisklasse (AE, EC, DC, Visa)

Am Abend

Diskotheken

Die Zwei
Turowerstr. 12
Tel. 03 55/54 30 75

Space Jogger ■ d 2
Bodelschwinghstr. 3
Tel. 03 55/72 50 16

Kinos

Kammerlichtspiele
Oberkirchplatz 10
Tel. 03 55/2 39 87

Obenkino ■ b 3
– Straße der Jugend 16
Tel. 03 55/3 80 24 15
– Bahnhofstr. 54 ■ a 3
Tel. 03 55/79 19 37
So–Do 18.30 und 21 Uhr

Programmkino Südlichtspiele ■ b 4
Straße der Jugend 81
Tel. 03 55/47 33 55

Weltspiegel ■ a/b 3
Rudolf-Breitscheid-Str. 87
Tel. 03 55/2 40 33

Kinder

Kinder- und Jugendtheater »piccolo« ■ b 1
Seit Februar 1991 bringen hier nur Kinder Theaterstücke auf die Bühne. Sie machen alles selbst: vom Rollenstudium über Technik und Beleuchtung, Musik und Requisiten bis zur Werbung. Ihre Erfahrungen geben sie auch gern an andere interessierte Kinder weiter. Die Erwachsenen sind nur am Donnerstag zugelassen, am Gastspielabend im »piccolo«.
Klosterstr. 20
Tel. 03 55/2 36 87

Puppenbühne »Regenbogen«
In einer Villa im Süden der Stadt in einer Nebenstraße der Madlower Landstraße, beschäftigt sich eine kleine Truppe mit allen Kostümen und Formen des Puppenspiels. Unter der Woche ist das Theater für Kinder da, am Sonntag sind auch Erwachsene willkommen.
Priorstr. 2 (Cottbus-Madlow)
Tel. 03 55/52 20 23

Service

Auskunft

Cottbus-Information ■ a 1
Karl-Marx-Str. 68
03044 Cottbus
Tel. 03 55/2 42 54
Programme: Tel. 03 55/2 42 55
Privatzimmer: Fax 03 55/79 19 31

Sorbische Kulturinformation »Lodka«
Wendisches Haus
August-Bebel-Str. 62
Tel. 03 55/79 11 10

URANIA ■ b 1
Veranstaltungszentrum, Informations- und Service-Center.
Friedrich-Ludwig-Jahn-Str. 13
Tel. 03 55/2 58 81

Bahnhof ■ a 4
Vetschauer Str. 70
Fahrplan- und Tarifauskunft
Tel. 03 55/44 33 29 oder 42 30 20

Ballonflug

Lausitzer Ballonfahrer-Team ■ b 2
Berliner Str. 9
Tel. 03 55/72 38 60

Bibliothek

Stadt- und Regionalbibliothek ■ a 2/b 2
Berliner Str. 13/14
Tel. 03 55/38 06 00

Details an den Häusern der Innenstadt demonstrieren Bürgerstolz

Bootsverleih

Bootsanlegestelle
Sandower Brücke ■ c 1
Tel. 03 55/71 33 04

Bowling

Bowlingzentrum ■ a 2/b 2
Stadtpromenade 17
Tel. 03 55/2 55 21

Bowlingbahn
Gaststätte Am Wiesengrund
Am Priorgraben 53
Tel. 03 55/42 31 40

Fahrradverleih

D. Hübner ■ a 3
Bahnhofstr. 53
Tel. 03 55/2 34 83

F. Schenker ■ b 1
Friedrich-Ebert-Str. 15
Tel. 03 55/3 30 95

Flugsport

Flugplatz Neuhausen
Segel-, Motor-, Drachenflug
Tel. 03 56 05/2 61

Fundbüro
Gerhart-Hauptmann-Straße
Tel. 03 55/2 45 75

Mietwagen

Hertz ■ a 4
Vetschauer Str. 12
Tel. 03 55/47 47 92

Sixt
Lipezker Straße
Tel. 03 55/53 54 70

Post ■ b 2
Berliner Str. 6
Tel. 03 55/2 39 09

Reiten

Reitschule Sielow
Ringstr. 4 (Cottbus-Sielow)
Tel. 03 55/82 10 65

Reit- und Fahrverein
Schmellwitzer Str. 56
Tel. 03 55/2 39 66

Schwimmen

Friedrich-Ludwig-Jahn-Schwimmstadion
Sielower Landstr. 19
Tel. 03 55/2 36 73

Schwimmhalle ■ a 1
Juri-Gagarin-Straße
Tel. 03 55/79 70 10

Schwimmhalle
Welzower Straße
Tel. 03 55/42 11 05

Sportangeln

Angel-Center Cottbus ■ a 3
(auch Angelkartenverkauf)
Bahnhofstr. 55
Tel. 03 55/2 46 23

Anglerbedarf Zimmermann
Kleiststr. 6
Tel. 03 55/52 23 12

Lothar's Angelshop
Hubertstr. 7
Tel. 03 55/79 21 17

Taxi

Taxigenossenschaft
Cottbus e.G. ■ b/c 3
Ostrower Platz 20
Tel. 03 55/2 33 33

Tierpark Cottbus ■ d 6
Kiekebuscher Str. 5
Tel. 03 55/71 41 59

Industriearchitektur des 19. Jh.: das alte Elektrizitätswerk von Cottbus

Ausflugsziele

Hammergraben ■ D 3

An der Cottbusser Spreewehrmühle verläßt den Fluß ein schmaler Nebenarm, unterquert den Stadtring (die B 97), fließt dann nach Norden gegen Lakoma, um die Lakomaer Teiche herum auf die Peitzer Teiche zu und zwischen ihnen hindurch bis zum Hüttenwerk Peitz. Hier knickt er scharf nach Westen ab und verschwindet bei Burg im Flüsse-Labyrinth des Spreewalds. Das ist der Hammerstrom oder Hammergraben, ein einzigartiges Meisterwerk der Wasserbaukunst. Das Gefälle ist so präzise berechnet, daß die Kraft der Strömung ausreichte, zuerst die fünf Wasserräder der Mühle in Maust und dann den Eisenhammer in Peitz mit zehn Rädern zu betreiben. Außerdem füllte er noch den Wallgraben der Festung Peitz. Durch manche Wiesen und Wälder verläuft der kleine Kanal noch heute in zwei bis drei Meter hohen Deichen, die sich jahrhundertelang als sickerdichte Wände bewährt haben. Beiderseits hat sich eine urwüchsige Flora angesiedelt. Der Weg an seinen Ufern entlang ist ein Spaziergang durch die Geschichte und die Natur dieser Landschaft.

TOPTEN 3

Seit 1991 steht der 450 Jahre alte Hammergraben endlich unter Denkmalschutz. Trotzdem soll sein Oberlauf dem Tagebau Cottbus-Nord geopfert werden. Als Alibi hat man ihm ab Lakoma eine Art Bypass gelegt, eine künstlich mit Plastikfolien abgedichtete Umleitung, die nördlich der Lakomaer Teiche wieder in ihn einmündet.

Lakomaer Teiche ■ E 4

Auf dem Weg von Cottbus nach Peitz liegt rechts neben der B 97 das fast menschenleere Lakoma. Im Jahr 2005 soll es vom Tagebau Cottbus-Nord überbaggert sein. Durch das Dorf, vorbei an leergeräumten Häusern, führt die Alte Poststraße in ein Seengebiet, ein verstecktes Paradies. Auf engem Raum haben sich hier vielfältigste Natur- und Bodenformen, Tiere und Pflanzen in kleine ökologische Nischen zurückgezogen. Zwischen den Teichgesellschaften stehen Schilf und Röhricht, nasse Erlenbruchwälder und wasserarme Kiefernforste, Feucht- und Trockenwiesen. Die Brut- und Gastvögel bilden eine Liste bedrohter Arten: Wiedehopf, Baumfalke, Schwarzstorch, Fisch- und Seeadler, Zwerg- und Haubentaucher, Brachvogel und Blaukehlchen, Habicht und Turmfalke. Der Artenreichtum der Pflanzen oder auch der Libellen ist nicht einmal erfaßt. Die birkenbestandenen Sandwege zwischen den Teichen liegen in einsamer Ruhe. Über das sich kräuselnde Wasser geht ein sanfter Wind und bringt das Uferschilf zum Rauschen.

TOPTEN 2

Ende des 18. Jh. wurden die Lakomaer Teiche von Menschen geschaffen. Seitdem haben sie sich zu einer freien, unersetzlichen Naturlandschaft entwickelt. Aber wie lange sie noch leben, bestimmt nun die Braunkohle.

Peitz ■ E 3

Daß der kleine Marktflecken an der Malxe im 16. Jh. zur Festung samt Eisengießerei ausgebaut wurde, lag daran, daß Peitz bis zu Friedrich dem Großen als brandenburgischer Ort von gegnerischem (böhmisch-sächsischem) Gebiet eingeschlossen war. Seit 1770 verlief die Entwicklung dann friedlicher. Die Festung wurde niedergelegt, erhalten hat sich der unübersehbare Turm. Tuchmacher und andere Industrien siedelten sich an, Karpfenteiche wurden angelegt und schließlich in unmittelbarer Nachbarschaft das Braunkohlekraftwerk Jänschwalde hochgezogen. Am Stadtrand liegen eng beieinander die zwei Dutzend Karpfenteiche, die Peitz auch zu einem bekannten Fischerort gemacht haben.

Sehenswertes

Hüttenwerk Peitz

Seit der Mitte des 15. Jh. wurde hier Eisen geschmiedet, wobei durch einen wassergetriebenen Eisenhammer die Schlacken herausgeschlagen wurden. Den Antrieb dafür brachte die Wasserkraft des Hammergrabens. Ein Jahrhundert später wurde ein »Hochofen« gebaut, um Geschützrohre und Kanonenkugeln zu gießen. Erst 1858 wurde die Waffenschmiede aufgelöst. Die heute zu besichtigenden Bauten stammen aus dem frühen 19. Jh. Sie sind klassizistisch geprägt. Gut erhalten ist die Halle mit dem 8 m hohen, gemauerten Hochofen von 1810. Auf der anderen Seite des Hammerstroms steht noch die Emaillierhütte. Zum denkmalgeschützten Ensemble gehören auch die Stabhammerhütte, das Hüttenamt, das ehemalige Arbeiterwohnhaus und die werkseigene Schule. Es ist die älteste vollständig erhaltene Hochofenanlage Deutschlands.
Hüttenmuseum, Am Hüttenwerk 1
Tel. 03 56 01/2 25 96 (Bibliothek)
April–Okt. Mi–Fr 10–17, Sa/So 11–17 Uhr

Service

Auskunft

Haus des Gastes
Am Markt 1
03185 Peitz
Tel. 03 56 01/2 31 03 und 2 11 25

Die Lakomaer Teiche sind vom Braunkohletagebau bedroht

Als natürliche Parklandschaft, einsam und immer noch wie unberührt präsentiert sich der Unterspreewald mit der Kreisstadt Lübben als Zentrum.

Lübben

■ A3

Selbst Theodor Fontane hat ihn auf seinen »Wanderungen durch die Mark Brandenburg« übersehen. Mit der Postkutsche fuhr er von Berlin her einfach daran vorbei und durch bis Lübben, zum »Rand des hier beginnenden Spreewaldes«, wie er meinte. Dabei war schon damals, vor über hundert Jahren, der Name »Unterer Spreewald« für das Spree-Gebiet nördlich von Lübben durchaus üblich. Das Netz der Wasseradern ist hier übersichtlicher (es hat nicht mehr als 17 Fließe) und schmaler als weiter flußaufwärts. Zwischen dem Puhlstrom im Westen und der Hauptspree liegen nur knapp zwei Kilometer. Eine einzige Straße durchquert bei Schlepzig das langgestreckte Flußdelta. Weite Felder, Moore und Wiesenflächen, hier und da abwechslungsreich unterbrochen von Teichen und Baumgruppen, bilden eine unspektakuläre, sehr friedliche Flußlandschaft. Sie lebt wie früher im Rhythmus der bäuerlichen Arbeit, in einer eigenartig verzauberten Langsamkeit.

Farbenprächtiges Historienbild im Wappensaal des Lübbener Schloßturms

Am östlichen Rand des Unterspreewalds dehnen sich große zusammenhängende Waldflächen aus und darin eingebettet das Naturschutzgebiet Luchsee bei Krausnick und die verschwiegenen Waldseen bei Köthen. Als der Wald noch den ganzen Unterspreewald bedeckte, bot er manchem Verfolgten Schutz. So flüchtete auch der Pfarrer Hutten im Dreißigjährigen Krieg vor seinen Feinden auf den »Wussegk«, eine Wald- und Moorinsel bei Schlepzig, und hielt dort allsonntäglich versteckt den Gottesdienst für die Bauern. Auch die Lübbener, deren Stadt während dieses Krieges insgesamt fünfmal geplündert und niedergebrannt wurde, flohen jedesmal in die undurchdringlichen Wälder der Umgebung.

Ein Besucher, der sich für Geschichte interessiert, wird in Lübben nur wenig Historisches finden, vielleicht ein paar Altstadthäuser, ein Stück spätmittelalterliche Stadtmauer, ein Renaissanceschloß immerhin. Dreimal wurde der Ort von vernichtenden Katastrophen heimgesucht. Schon im Jahr 932 zerstörte der Sachsenkönig Heinrich I. die Slawenburg Liubusua – aber das war womöglich doch nicht Lübben, sondern ein anderer Ort. Als in Lübben dann 231 »angesehene Bürger« wohnten (1494), vernichtete ein Großfeuer die Stadt bis auf vier Häuser. Und Ende April 1945, zwei Wochen vor dem Ende des Zweiten Weltkriegs, wurden 82 Prozent der Altstadt in Schutt und Asche geschossen. In den Überresten lebten noch 300 Lübbener.

Vor der Paul-Gerhardt-Kirche erinnert ein Standbild an den Namensgeber

Schon 1806 hielten die Truppen Napoleons den wichtigen Spreeübergang zwischen Unter- und Oberspreewald besetzt. Ihnen ist es aber zu verdanken, daß nun die Stadthäuser nach dem Vorbild von Paris durchgezählt wurden und Hausnummern bekamen. Als die Reste der geschlagenen Grande Armée wieder aus Rußland zurückkamen, traf auch der Kaiser persönlich ein. Mit klarem Blick erkannte er, daß die Stadt nicht zu halten war: Die Umgebung war für militärische Manöver viel zu sumpfig.

Heute, in wieder friedlicher Zeit, ist Lübben ein trotz allem jung gebliebenes, munteres Städtchen mit einigen sehenswerten Schmuckstücken.

Hotels/Essen und Trinken

Kaffee Schultze
Nur ein paar Gehminuten vom Bahnhof und der Stadtmitte entfernt liegt in einem ruhigen Parkgarten dieses nostalgische Gasthaus, eins der ältesten der Stadt. Im Sommer sitzt man angenehm unter den Bäumen im »Biergarten«, bei kühlem Wetter in der großväterlich gemütlichen Weinstube im Haus. Das Kaffee Schultze bietet außerdem komfortabel eingerichtete Gästezimmer sowie eine regelrechte »Suite«.
Bergstr. 3
15907 Lübben
Tel. 0 35 46/34 14
12 Zimmer
Mittlere Preisklasse

Spreewaldhotel Stephanshof
Modernes Hotel außerhalb des Stadtzentrums mit einem schönen, großzügig verglasten Restaurant (60 Plätze), in warmen und frischen Farben möbliert. Vor dem Haus eine weite Terrasse und eine eigene Kahnanlegestelle. Bequeme, zum Teil mit Balkon ausgestattete Zimmer (zwei davon behindertenfreundlich und eines für Rollstuhlfahrer eingerichtet). Selbstverständlich gibt es auch einen Fahrrad- und Paddelbootverleih für die Gäste.
Lehnigsberger Weg 1
15907 Lübben
Tel. 0 35 46/2 72 10, Fax 27 21 60
31 Zimmer
Mittlere Preisklasse (keine Kreditkarten)

Sehenswertes

Liuba-Denkmal

Romantiker sollten auf keinen Fall einen Spaziergang durch den »Hain« versäumen. Dieser lichte Stadtpark aus Eichen und Buchen liegt nur wenige Schritte vom Bahnhof entfernt. Nicht allein, daß in dem Auenwald noch einige Pirole und Nachtigallen singen. Viel herzbewegender ist der Gedenkstein, den man hier einer Liebesgöttin errichtet hat. Es ist ein glatter Stein auf einem Sockel, gekrönt von einem Sims und einer Pyramide, und die halb verwitterte Inschrift lautet einfach »LIUBA«. Der Legende nach hatte die Beschützerin der Liebenden 200 m weiter, zur Schützenwiese hin, früher sogar einen eigenen Altar in Form einer Eiche.

Paul-Gerhardt-Kirche

Am 14. Oktober 1668 hielt der Berliner Pfarrer Paul Gerhardt, gerade ohne Stellung, in Lübben eine Gastpredigt. Der Stadtrat war von ihm angetan wegen »seiner unß gerümbten treubeständigen reinen Lehre«, und weil er »guttem leben und wandel ein wolgefallen trage«. Außerdem hatte sich Pfarrer Gerhardt damals schon als Schriftsteller einen Namen gemacht. Von ihm stammen der bis heute unvergängliche Choraltext »O Haupt voll Blut und Wunden« und das Abendlied »Nun ruhen alle Wälder«. Nachdem er im Juni 1669 endlich angestellt war, machten ihm die Stadträte das Leben mit kleinlichem Hickhack nicht gerade leicht. Paul Gerhardt schrieb in Lübben kein einziges Gedicht mehr. Später aber war die Stadt stolz auf ihren Barockdichter und stellte ihm 1907 ein hohes Denkmal vor das Kirchenportal.

Die ungewöhnlicherweise nicht wie früher nach dem Heiligen, St. Nikolaus, sondern nach dem schreibenden Pfarrer benannte Kirche steht am Marktplatz.
So 10.30–12, im Sommer zusätzlich Mi 10–12, 15–17 Uhr

Schloßturm

Unübersehbar an der Hauptstraße, auf einer alten Spreeinsel, steht der Turm des Lübbener Renaissanceschlosses, mächtig, gedrungen und mit 2,5 m dicken Mauern so standfest, daß er mehrere Beschießungen der Stadt überlebt hat. Das Prunkstück im Innern sind der Wappensaal und darin das Deckengemälde sowie das monumentale Historienbild (1917). Es zeigt die Huldigung der Bürger beim Einzug des brandenburgischen Markgrafen Friedrich II. in die Stadt. Durch einen bizarren Zufall ist darauf auch der Teil der Wehrmauer abgebildet, der heute noch erhalten ist. Auf dem großen Deckengemälde sind Spreewälder Bauern mit dem Ertrag ihrer Landarbeit (Zwiebeln und Gurken, Leinöl und Meerrettich) dargestellt. Um das Historienbild und alle vier Saalwände läuft das Band der Wappenmalerei. 114 Städte- und Familienwappen der Niederlausitz sind hier verewigt. Rechts unter dem Gemälde etwa findet sich auch das Familienwappen der Grafen zu Lynar mit dem gekrönten Schlangenkönig.
Ernst-von-Houwald-Damm 14
Tel. 0 35 46/18 26 61
April-Sept. Di–So 10–17, im Winter nur bis 16 Uhr

Am Abend

Grotte
Diskothek
Hauptstr. 12 b
Sa, So ab 21 Uhr

Spreewald-Lichtspiele
Kino
Poststr. 11
Tel. 0 35 46/70 68

Service

Auskunft

Fremdenverkehrsverband Lübben
Lindenstr. 14
15907 Lübben
Tel. 0 35 46/30 90 und 24 33, Fax 25 43

Bahnhöfe

Hauptbahnhof
Bahnhofstraße
Tel. 0 35 46/30 03

Südbahnhof
Lubolzer Straße/Am Südbahnhof
Tel. 0 35 46/36 74

Groß Lubolz
Tel. 0 35 46/73 11

Bibliothek
Bahnhofstr. 42
Tel. 0 35 46/71 60

Bootsverleih

Gebauer
Lindenstraße (gegenüber Strandcafé)
Tel. 0 35 46/71 94 oder privat 85 66
Einer-, Zweierkajaks, Kanadier, Ruderboote

Busse

Regionale Verkehrsgesellschaft Spreewald
Postbauten 4
Tel. 0 35 46/40 12

Der mächtige Lübbener Schloßturm im Frühlingsgewand

Fahrradverleih

Fahrradservice Oswald
An der Spreewaldbahn 6
Tel. 0 35 46/40 63

Zweiradcenter Ulrich
Logenstr. 15
Tel. 0 35 46/73 69

Fundbüro

Ordnungsamt, Stadtverwaltung
Friedensstr. 8
Tel. 0 35 46/27 14 21

Kahnfahrten

Fährmannsverein Lübben
Abfahrt: Gaststätte Strandcafé
Tel. 0 35 46/71 22 oder 18 07 45

Fährmannsverein »Flottes Rudel«
Abfahrt: Kahnfährhafen
Tel. 0 35 46/26 26

Kahnfährgemeinschaft »Berste«
Abfahrt: »Berste«
Tel. 0 35 46/37 91 oder 36 66 oder 32 34

Post
Poststr. 4
Tel. 0 35 46/22 50

Schießstand

Schützengilde
Schützenplatz 1
Tel. 0 35 46/73 72
Di 18–21 Uhr

Tennis

Tennisclub Grün-Weiß
Nachtigallenweg
Tel. 0 35 46/73 26
(Auch Schlägerausleihe)

Ausflugsziele

Krausnick ■ A 2

Im Norden von Lübben, 5 km westlich von Schlepzig, liegt das langgestreckte Straßendorf Krausnick. Wer hier nur durchfährt, verpaßt einen entzückenden Anblick: die denkmalgeschützte Kreuzkirche. Sie steht ganz im Grünen. Von der Straße zur Kirche führt eine schattige Allee, und die Gräber des kleinen Friedhofs ruhen unter uralten Linden. Über dem schlichten Gotteshaus (von 1728) erhebt sich ein vergleichsweise schwungvoller Turm mit aufgesetzter Laterne. Der Fachwerkbau wurde wegen der bescheidenen Mittel des Dorfes in Kiefernholz aus der Umgebung ausgeführt, nur die Schindeln des Turmdachs leistete man sich in Eiche. Nach 1990 mit Spenden der Einwohner renoviert, zeigt sich die kleine Kirche unter den Bäumen nun frisch im Glanz ihrer rotweißgrauen Farben. In dem Turm sollen übrigens jahrelang Schwärme von Fledermäusen gewohnt haben, weshalb das Bauwerk – einzigartig in diesem Land – auch unter Naturschutz stand.

Schlepzig ■ A 2/B 2

Einen Mittelpunkt hat das ca. 12 km nördlich von Lübben gelegene Dorf eigentlich nicht, allenfalls die alte Schleuse, an der noch das Gebäude der früheren Walkmühle liegt, und der moderne Fährhafen. Kaum mehr als ein Straßendorf, eine lockere Doppelreihe niedriger Bauernhäuser im dunklen Backsteinstil der Region, hat Schlepzig aber bis heute seine Seele, einen eigenen Charakter bewahrt. Nur wer ohne Eile die lange, gar nicht prunkvolle Dorfstraße hinaufschlendert, hinaus aufs freie Feld und wieder zurückwandert, wird ihn spüren. Und wohl auch Hochachtung empfinden vor der zähen Geduld, mit der die Siedler auf diesem schwierigen Boden Land und Heimat gewannen.

Schon der Hausbau war ja nicht leicht: Nicht umsonst hieß der Ort im Mittelalter »Zloupisti«, von dem alten Sorbenwort für »Pfahl«, weil die ersten Hütten im moorigen Untergrund nur auf Pfählen stehen konnten. Der Boden war so sehr mit Raseneisenstein durchsetzt, daß sich zu seiner Verhüttung ein mittelalterliches Walzwerk lohnte. Dieser »Eisenhammer«, natürlich mit Wasserkraft angetrieben, war bis etwa 1700 in Betrieb.

Selbst der Kirchweg ins Nachbardorf war lange Zeit äußerst mühsam. Deshalb bat man den Pfarrer von Krugau um eine eigene Kirche. Aber dieser Holzbau von 1561 brannte 200 Jahre später ab und mit ihm das Pachthaus, die Pfarr- und Schulwohnung und weitere 59 Häuser. Um so schöner aber wurde die 1779 gebaute Kirche.

Hotels/Essen und Trinken

Haus Müggenburg

Ein neues Hotel garni, aber großzügig und komfortabel eingerichtet, ruhig am Dorfrand und unmittelbar an einem Wiesenwanderweg gelegen. Hübsche Bauernmöbel-Zimmer, ein wilder Garten am Wasser und eine Terrasse vor dem eigenen Kahnhafen (Fahrradausleihe). Ausgesprochen gemütliche Atmosphäre.

Kuschkowerstr. 31
15910 Schlepzig
Tel. 03 54 72/66 00, Fax 66 03 05
22 Zimmer
Untere Preisklasse (keine Kreditkarten)

Landgasthof
Zum grünen Strand der Spree

In einem ehemaligen Bauernhof, der auf den Schlacken des Eisenhammers stand, hat sich eines der besten Hotels der Region etabliert. Die 18 Zimmer und zwei Suiten, mit Moskitonetzen ausgestattet und

Backsteinromantik im Landgasthof »Zum grünen Strand der Spree«

fußbodengeheizt, sind in hellem Holz rustikal möbliert. Schöne, zurückhaltende Inneneinrichtung im Haus (Granitfußboden), im Restaurant und in der gemütlichen Veranda. Die Hausgäste haben u. a. Paddelboote, Fahrräder, eine Kutsche und einen Kremser (eine Art Planwagen) zu ihrer Verfügung, zu einigen Reitplätzen in der näheren Umgebung bestehen Partnerschaften.

Auch das Restaurant ist einen Umweg wert. Die Küche wird von privaten Pilzsammlern, den Jägern und Fischern der Umgebung, aus dem dörflichen Bio-Anbau und aus eigener Rinderzucht versorgt. Alle Gerichte, auch die spreewaldtypischen, sind leicht, optisch ansprechend und wohlschmeckend. Wundervolle Nachspeisen und ein liebenswürdiger Service runden den Genuß ab.
Dorfstr. 53
15910 Schlepzig
Tel. 03 54 72/2 02, Fax 4 73
20 Zimmer
Mittlere Preisklasse (AE, EC, Visa)

Sehenswertes

Dorfkirche

Im Jahr 1769 trug eine Schlepziger Bauersfrau glühende Kohlen vom Backhaus über den Hof. Einige fielen heraus, der auf dem Boden lagernde Flachs fing Feuer, dann stand der Hof in Flammen, kurz danach das halbe Dorf und die Kirche. Zehn Jahre später bauten die Bauern sie wieder auf, 1782 wurde sie so eingeweiht, wie sie heute noch steht: ein entzückender weiß-brauner Fachwerkbau mit verbrettertem Turmaufsatz und Laterne. Vor einigen Jahren erst wurde die kleine Kirche renoviert und steht nun in frischem Glanz da.

Am schönsten ist aber das Innere in harmonisch blauen Pastelltönen und gebrochenem Weiß. Die Decke, in der Form eines umgedrehten Spreewaldkahns, zeigt einen dramatisch bewölkten Himmel, in dessen heller Mitte ein symbolisches Gottesauge nach allen Seiten strahlt. Das Ensemble, ein intimer und un-

Im Agrarhistorischen Museum wird selbst die jüngste Vergangenheit dokumentiert

Der Innenraum der Dorfkirche in Schlepzig überrascht als Gesamtkunstwerk

gewöhnlich einladender Kirchenraum, ist vollendete bäuerlich-barocke Volkskunst.

Wenn geschlossen ist, klingelt man am besten am Pfarrhaus rechts neben der Kirche.

Museum

Agrarhistorisches Museum
In diesem denkmalgeschützten ehemaligen Bauernhof von 1818 ist einiges bemerkenswert. In erster Linie die Fülle der gezeigten Exponate: alte Werkzeuge und Geräte für die Hausarbeit und die Gewinnung von Honig, Webstühle und Spinnrocken für die Leinenherstellung, ein Maschinenpark mit Traktoren (zum Probesitzen für Kinder) sowie ein Kräuter- und Heilpflanzengarten. Sodann die gutdokumentierte Fortführung der Bauerngeschichte bis in die jüngste Gegenwart (komplett mit DDR-Plakaten wie »Alle Macht in unsern Händen hilft den kalten Krieg beenden«). Vor allem aber beeindrucken die karge Schlichtheit der Wohnküche und die schmucklose Altenteilstube. Wenn man Glück hat, wird für eine Besuchergruppe gerade im alten Backhaus wie früher Brot oder Kuchen gebacken. Der Ofen wird dazu im Backherd selbst mit Holz beheizt, danach wird die Asche herausgeräumt, und der Teig kommt hinein. Der Steinherd hält dann die Hitze noch 45 Minuten lang. Das Museum gibt einen besinnlichen Einblick in den Ernst und die Mühe des einstigen Lebens im Spreewald.
Dorfstr. 26
Tel. 03 54 72/2 25
April–Okt. Di–Fr 9–17, Sa/So 10–16 Uhr

Service

Auskunft

Heimatverein Unterspreewald
Dorfstr. 26
15910 Schlepzig
Tel. 03 54 72/2 25

Fremdenverkehrsamt Unterspreewald
Hauptstr. 49
15910 Schönwalde
Tel. 03 54 74/2 06 26

Bootsverleih

Dorfstr. 53
Tel. 03 54 72/2 76

Spreewaldgasthaus Petkamsberg
4 km südlich von Schlepzig, an der Teichgruppe I
Tel. 03 54 72/2 47

Kahnfahrten

Andreas und Uwe Krüger
Dorfstr. 87
Tel. 03 54 72/4 51 oder 03 54 71/2 03 73

Werner Lehmann
Dammstr. 4
Tel. 03 54 72/2 39

Kremserfahrten

Bernd und Andres Schulz
Dorfstr. 42

Reiten

Gasthaus Döring
Dorfstr. 56, 15910 Pretschen
Tel. 03 54 76/2 23

Dauer im Wechsel: Nirgends sind die Veränderungen und zugleich die Unwandelbarkeit der Flußaue so greifbar wie hier im Herzen des Spreewalds.

Lübbenau

■ B 3/B 4

Immer noch stehen die Bauernhäuser zum Land hin schlicht da; ihre geschmückte Schauseite zeigt sich dem Fließ, das für einige auch heute die einzige Verkehrsanbindung ist. Fast jeder Hof hat seinen eigenen Hafen, in dem die Kähne, beladen mit Gras, Mais und Kürbissen, einlaufen. Immer häufiger liegt neben dem Arbeitskahn heute aber schon ein Touristenboot. Denn viele Bauern stellen sich nach dem Schock der Wende auf den lukrativen Fremdenverkehr um und bieten Ausflüge zu den traditionellen Gasthäusern an, nach Lehde und weiter nach Leipe. Bis 1930 war der Lübbenauer Hafen noch ein reiner Gemüsemarkt.

Berühmt gemacht haben diesen malerischen Winkel vier Männer: der Wittenberger Pfarrer Schmidt verglich schon 1789 Lehde mit Venedig; nach ihm kam Theodor Fontane, der in einem Zeitungsartikel 1859 das »Dorf-Venedig« popularisierte; dann wiederum ein Pfarrer, Robert Immanuel Berger aus

Am Fährhafen herrscht auch im beschaulichen Lübbenau meist Hochbetrieb

Cottbus, der 1866 den ersten Spreewald-Reiseführer schrieb; schließlich taufte der Görlitzer Maler Professor Woite 1882 den Lehder Gasthof »Zum Fröhlichen Hecht« um und lockte seine Künstlerkollegen hierher.

Lübbenau, die größte Stadt im Spreewald, verdankt seine fast 22 000 Einwohner einem Bauwerk, das heute ungern erwähnt wird und doch immer sichtbar ist: dem Braunkohlenkraftwerk in Neu-Lübbenau. Die zehnstöckigen Plattenbauten für die Arbeiter auf der Südseite der Bahnlinie und der Autobahn hatten aber auch den Vorteil, daß sich der Dorfcharakter der Altstadt an der Spree noch weitgehend erhalten hat. Freilich, die Zugänge zum Fährhafen sind am Wochenende mit allerlei Kiosken, Verkaufsständen und Imbißbuden bestückt, und an der Abfahrtsstelle drängen die Reisegruppen in die Kähne. Für sie hat sich die Stadt, anders als die ärmeren Dörfer des Spreewalds, durch Renovierungen und Neubauten besonders hübsch herausgeputzt. Wer jedoch an Werktagen an der St.-Nicolai-Kirche vorbei zum Schloß spaziert, sieht die gedrungenen Häuser und ihre kleinen Hintergärten, die alten Brücken und Kahnrampen noch immer so, wie sie seit hundert Jahren dastehen. Noch ruhiger wird es dann im Schloßpark. Über dem Eingangsportal grüßt wieder der Schlangenkönig im Lynarschen Wappen. Zwischen der Kanzlei (mit zwei Kerkerzellen im Keller) und dem früheren Marstall (Efeuhaus) stehend, entdeckt man unter den Bäumen im Hintergrund eine charmante Orangerie, zwei Eckkuppeln über einem rotbraunen dorischen Säulengang.

Nicht zu übersehen: charmantes Hinweisschild auf »die« Spreewälder Attraktion

Hotel

Hotel Schloß Lübbenau
Zu Anfang stand hier die einfache Burg eines slawischen Stammesfürsten, wehrhaft von Wasserläufen umgeben. Dann baute man ein malerisches Renaissanceschloß darüber. Das aber mußte um 1820 dem heutigen, etwas eigenwilligen, aber streng neoklassizistischen Schloßgebäude weichen. Nur die beiden Türme hinter den über Eck stehenden drei Geschossen zitieren noch den Charakter des einstigen Herschaftssitzes.

Im Innern schreitet man auf dem Holz einer großzügigen Freitreppe zum ersten Stock hinauf. Die Zimmer sind gediegen, modern und bequem eingerichtet. Das helle Schloßrestaurant bietet eine gute internationale Küche, regionale Spezialitäten serviert die Jagdstube. Eine kühle Terrasse am Schloßpark vollendet den edlen Aufenthalt.
Schloßbezirk 6
03222 Lübbenau
Tel. 0 35 42/87 30, Fax 87 36 66
53 Zimmer und Suiten
Obere Preisklasse (AE, EC, Visa)

Sehenswertes

Kirche St. Nicolai
Der außen schmucklose, innen hochbarocke Kirchenbau wurde von der Lübbenauer Herrschaft gebaut und 1741 eingeweiht. Hier hält ein knochiger Tod das Schlangenkönigwappen. Traditionell sind alle früheren Lynars hier begraben, auch Rochus Friedrich, der im Spreewald das Schlittschuhlaufen einführte. Der älteste Sarkophag aber, von Jacon von der Schulenburg, steht hinter dem Altar. Auch die Zeitgeschichte hat hier einen Zeugen: Ein schlichtes Holzkreuz erinnert an Wilhelm Friedrich zu Lynar, der am Putsch gegen Hitler beteiligt war und am 29. September 1944 hingerichtet wurde. Das Kreuz stand einst auf einem Findling in dem jetzt überbaggerten Dorf Seese. Darauf durfte, nach dem Willen der Nationalsozialisten, lediglich das Wort »gefallen« stehen, nicht aber »hingerichtet« (am rechten Flügel des Schlosses ist eine neuere Gedenktafel für den Widerstandskämpfer angebracht).
Ehm-Welk-Straße
Im Sommer tgl. 14–16 Uhr

Im Schloßrestaurant wird auch Bodenständiges serviert

Lübbenaus berühmte kursächsische Postsäule wurde im Jahre 1740 aufgestellt

Postsäule
Der Pfarrer und »Chursächsische Land- und Grenzcommissarius« Adam Friedrich Zürner organisierte 1721 den Postkutschendienst in Sachsen. Er stellte hier als erster Meilensteine an den Straßenrand, und zwar Viertel-, Halb- und Ganzmeilensteine, dazu in den größeren Städten sogenannte Postdistanzsäulen. Darauf wurden die Entfernungen zu anderen Städten in allen vier Himmelsrichtungen eingemeißelt. Nach der Einführung der preußischen Meile verschwanden die Postsäulen. Das letzte Exemplar der Region, eine kostbare Rarität, steht vor der St.-Nicolai-Kirche (eine ähnliche in Lübben ist nur eine Kopie). Die Entfernungen sind in »St« angegeben, was aber keine Zeit-Stunde ist, sondern ein altes Wegmaß (von etwa 4,5 km). Frankfurt an der Oder zum Beispiel lag sehr genau »15 St 7/8« von Lübbenau entfernt, Leipzig »124 St 3/4«. Den Entwurf für die schlanke Säule mit dem sächsischen Wappen lieferte übrigens der Architekt Pöppelmann, der Erbauer des berühmten Zwingers in Dresden.

TOPTEN 7

Ehm-Welk-Straße (vor der Nicolai-Kirche)

Museen

Haus für Mensch und Natur
Im Zentrum der Altstadt, im historischen Backsteinbau der früheren Lübbenauer Schule, wurde im Herbst 1995 ein einzigartiges Spreewald-Museum eröffnet. Mächtige Erlen- und Kiefernstümpfe empfangen den Besucher, drei große Modelle zeigen die Entwicklung vom Urwald zur bäuerlichen Kulturlandschaft, der Fußboden ist eine farbige Landkarte des Biosphärenreservats, eine Video-Abteilung führt die ungleichen Interessen der Touristen, Bauern und Naturschützer vor. Hinter der »Akustikwand« präsentiert ein moderner »Multi-Media-Terminal« Computersimulationen, bei denen der Besucher am Monitor eigenhändig verschiedene Umweltmaßnahmen und ihre Folgen ausprobieren kann. Nur an einer einzigen Stelle, in der »Kernzone«, heißt es dann »Betreten verboten«. Wer trotzdem weitergeht, erlebt eine kleine Überraschung.

Schulstr. 9
Tel. 0 35 42/8 92 10 oder 89 21 30
Mo–Fr 9–16, im Sommer außerdem Sa/So 10–17 Uhr

Spreewaldmuseum Lübbenau
Hinter den auffallend stark vergitterten Fenstern der Gerichtskanzlei am Schloß werden seit der Mitte des 19. Jh. keine Prozesse mehr geführt. Heute ist darin ein sehr instruktives Heimatmuseum untergebracht, das den Übergang von der steinzeitlichen Besiedlung über die Landwirtschaft zur Braunkohlenindustrie sichtbar macht. In einer Vitrine ist auch der traurige Brief einer Lübbenauerin vom April 1915 zu sehen: »[H]ihr ist die Stube zu sehr naß ... über Winter kann hier kein Mensch nicht wohnen, unsere Sachen die verfaulen sonst alle ... hier ist furchtbar leben.«

In einem eigenen Pavillon hinter dem Museum hat die »Lübben«, eine liebevoll blankgeputzte Lokomotive der alten Spreewaldbahn, ihren letzten Stadtplatz gefunden, dazu ein Gepäck- und ein Personenwagen.

Schloßbezirk 4
Tel. 0 35 42/24 72
Di–So 10–17,
im Sommer bis 18 Uhr

Essen und Trinken

Gasthaus
Zum grünen Strand der Spree
Der erste Anblick, besonders am Wochenende, täuscht ein wenig. Da schmettert nämlich auf der vollbesetzten Terrasse eine Blasmusikkapelle ihr Hafenkonzert, und der Service kommt bei 250 Kahngästen schon mal außer Atem. Also ein typisches Touristenbad mit liebloser Schnellabfütterung? Im Gegenteil, das Gasthaus, gegründet 1879 und lange Zeit das traditionelle Einkehrlokal der Lübbenauer Kahnbauern, wird noch heute vom Urenkel und Ururenkel des Gründers geführt. Sie achten darauf, daß die Spreewaldsoße und andere Lausitzer Spezialitäten weiterhin nach Großmutters Rezept zubereitet werden. Und das jeden Tag und zu bemerkenswert volkstümlichen Preisen.
Dammstr. 77
Tel. 0 35 42/24 23, Fax 38 36
Untere Preisklasse (AE, EC, Visa)

Wotschofska
Bis 1911 erreichte man die Gaststätte nur mit dem Kahn. Seitdem kommt man von Lübbenau auf einem 3 km langen Fußweg am Fließ entlang und über einige »Bänke« auch bequem zu Fuß hin. Auf halber Strecke ist die letzte, stark vernachlässigte Rollschleuse zu sehen.

Die Wotschofska ist allerdings ein mehr historisch als kulinarisch interessanter Ort. Im Dreißigjährigen Krieg war die kleine Anhöhe (sorbisch **wotšow**, »Insel«) eine der vielen Zufluchtsstätten der Bauern. Dann stand hier lange Zeit unter Kiefern ein Försterhaus der Lübbenauer Herrschaft, bis es 1875 abbrannte und durch einen romantisierenden Blockbau ersetzt wurde. In dem holzgetäfelten Gastzimmer oder auch im Biergarten unter den hohen Kiefern rastet der Wanderer gemütlicher und speist angenehmer als im Selbstbedienungs-Anbau für die Kahngruppen.
Tel. 0 35 46/76 01
Mittlere Preisklasse

Die Orangerie von Schloß Lübbenau

Am Abend

Kulturhof
Der Treffpunkt in Lübbenau. Tägliches Kulturprogramm mit Spielfilmen und Diavorträgen, Ausstellungen und Musik (auch Kinderprogramme).
Langestr. 15
Tel. 0 35 42/4 34 41

Service

Auskunft

Fremdenverkehrsverein
Lübbenau & Umgebung
Ehm-Welk-Str. 15
Tel. 0 35 42/36 68, Fax 4 67 70

Bahnhof
Bahnhofstraße
Tel. 0 35 42/8 20

Bibliothek

Stadt- und Kinderbibliothek
Dr.-Albert-Schweitzer-Straße
Tel. 0 35 42/8 32 32

Bootsverleih

Bootshaus Kaupen
Kaupen 1
Tel. 0 35 42/27 50

Franke
Dammstr. 72
Tel. 0 35 42/27 22

Hannemann
Am Wasser 1
Tel. 0 35 42/36 47

Petrick
Am Campingplatz Schloßpark
Tel. 0 35 42/36 20

Fahrradverleih

Kretschmann's 2-Rad-Center
Poststr. 16
Tel. 0 35 42/34 33

Fundbüro

Ordnungsamt
Kirchplatz 6
Tel. 0 35 42/89 22 21

Kahnfahrten

Café zum Nußbaum
Dammstr. 76
Tel./Fax 0 35 42/36 73

Genossenschaft
der Kahnfährleute
Postfach 101149 (03215 Lübbenau)
Tel. 0 35 42/22 25, Fax 36 04

Kahnfährmannsverein
der Spreewaldfreunde
Ulrich Schröter
August-Bebel-Str. 53
Tel./Fax 0 35 42/27 10

Thomas Lubkoll (Kahnbauer)
Gerbergasse 2
0 35 42/23 18

Kutschfahrten/Reiten

Pferdehof in Klein-Klessow
Dorfstr. 7
03222 Klein Wessow
Tel. 0 35 42/29 14

Post
Filiale 1
Poststr. 8
Tel. 0 35 42/8 90 70

Wanderungen

Biosphärenreservat
Schulstr. 9
Tel. 0 35 42/8 92 10, Fax 89 21 40

Ausflugsziele

Hochwald ■ B 3/C 3

TOPTEN 1

Es ist heute kaum mehr vorstellbar, wie der urzeitliche Spreewald wohl ausgesehen hat, als die mäandernden Flußläufe noch durch einen endlosen, ununterbrochenen Baumbestand gingen. Bäume waren für den Menschen der Frühzeit Hindernisse, bestenfalls Bau- und Brennmaterial. Es kam, wie es kommen mußte: Der Spreewald verlor im Lauf der Jahrhunderte, (trotz strenger Verbote schon im Mittelalter) bis heute 85 Prozent seines Baumbestands. Nur in Niederungen, wo dauernde Überschwemmungen und hoher Grundwasserstand den Holzeinschlag unrentabel machten, blieb der Wald unberührt stehen. Eine einzige solche Stelle gibt es noch: den Hochwald am Nordrand des Urstromtals. Man erreicht ihn am leichtesten vom nahen Neu Zaucher Fährhafen aus; von Burg her dauert die meist nur für Gruppen organisierte Fahrt einige Stunden länger. Aber auch in Lübbenau kann man sich auf einem ruhigen, selten von Touristenkähnen befahrenen Wasserweg dorthin begeben.

In etwa nordwestlicher Richtung den inneren Spreewald durchquerend, berührt das Bürgerfließ drei unbetretbare Kernzonen des Biosphärenreservats: zuerst die Luschna, dann den Huschebusch und endlich das Forstrevier Schützenhaus, das bereits zum Hochwald gehört. Hier zeigt sich die Flußlandschaft in ihrer ursprünglichen Form, noch ganz wie in der Steinzeit, als die ersten Siedler kamen. Die schlanken Erlen und Eschen dieses Bruchwaldes wachsen geradewegs aus dem Wasser. In unzähligen Grünnuancen fallen die Sonnenstrahlen in Kaskaden durch das Laubdach herein und malen zitternd helle Flecken auf das dunkle Wasser. Die Ufer sind dicht mit Büschen und Weiden besetzt, und um die hohen Stämme der Bäume windet sich wilder Hopfen zum Licht.

Variationen in Grün: das Sonnenlicht schafft eine zauberhafte Stimmung

Im Spreewaldmuseum Lehde: bäuerliches Leben von annodazumal

Lehde ■ B 3

»Eine Fülle reizendster Bilder« entdeckte Fontane 1881 in Lehde, »das aus ebenso vielen Inseln besteht, als es Häuser hat.« Zwar führt heute auch ein Landweg von Lübbenau dorthin, aber die »Hauptstraße« des Dorfes ist die Spree. Auf fast alle Äcker des Umlands kommt der Bauer nur mit dem Kahn. Das Vieh zu weiden ist unmöglich, deshalb bleiben die Kühe hier ihr Leben lang im Stall, und das Tageslicht sehen sie erst auf der Kahnfahrt ins Schlachthaus. Ganz Lehde steht heute unter Denkmalschutz, vor allem wegen seiner historisch wertvollen Blockhäuser. Sie sind vollständig aus Holz gefügt und verdübelt, das Dach ist mit Schilfrohr gedeckt und der First mit zwei gekreuzten Giebelbrettern verziert, in denen man immer wieder den Schlangenkönig erkennen mag. Fenster und Türen wurden zur höheren Festigkeit klein gehalten, so daß man ein solches Blockhaus heute sogar transportieren kann, etwa ins Freilandmuseum Lehde. Das Dorf ist das nahe gelegenste und daher bevorzugte Ziel der Kahngruppen aus Lübbenau.

Museum

Spreewaldmuseum Lehde
Beinahe hätten Denkmalschützer das ganze Dorf zum Museum umgestaltet, aber dann beschränkte man sich doch auf eine Insel gegenüber dem »Fröhlichen Hecht«. Hier stand bereits ein verlassenes Bauernhaus, dazu wurden zwei weitere Gehöfte original auf Holzpfählen wiederhergestellt. Jetzt sind auf dem Gelände je ein typischer alter Hof aus Lehde, aus Burg und vom Spreewaldrand nebeneinander zu sehen, voll möbliert und komplett mit Bienenstand, Backhaus, Kahnschuppen und Kräutergarten. Beeindruckend ist die karge Enge des bäuerlichen Alltags. Pferde, Kühe, Ziegen und Hühner lebten mit der Familie unter einem Dach, die Schweine hatten allerdings ihren eigenen Stall. In dem Familienbett auf dem hohen Bettkastensockel legten sich bis zu acht Personen schlafen; nur die Jungverheirateten verbrachten ihre Flitterwochennächte auf dem Heuboden, nahe am wärmenden Schornstein.
Lübbenau/Lehde
Tel. 0 35 42/24 72
Tgl. 10–16.30, im Sommer bis 17.30 Uhr (Kassenschluß)

Ländlicher Alltag mit glücklichen Hühnern

Leipe ■ B 3

Hier wird die vom Wasser abhängige Lebensweise am deutlichsten. Denn wer von Burg her auf dem Landweg über die Äcker und Wiesen nach Leipe fährt, bekommt nicht viel zu sehen von dem Inseldorf; erst vom Kahn aus eröffnet sich der Blick auf die alten Bauernhäuser. Ihre Schaufassaden mit den bunten Gärten und den Hafeneingängen zum Haus sind den Armen der Spree zugewandt. Selbst ihr Trinkwasser schöpften die Bauern früher aus dem Fluß. Der alte Dorfcharakter hat sich in Leipe noch gut erhalten, da es von den Produktionsverbesserungen der DDR-Zeit (der »Melioration«) weitgehend verschont blieb. Ein Grund dafür: Man kann mit Landtechnik den Boden in dieser Gegend kaum bearbeiten. Felder müssen z. T. mit dem Spaten umgegraben werden. Auch die sorbische Sprache, obwohl nicht mehr gesprochen, lebt weiter in Fließnamen wie Leipsche Grobla und Roggozoa, wie auch in speziellen Ackernamen, etwa Glina und Repischo.

Hotel

Spreewaldhotel
Schon Mitte des 19. Jh. stand an dieser Stelle »Buchans Gasthaus« für die Fischer und Bauern des Dorfes, und in den 20er Jahren wurde daraus ein großes Hotel, das 1992 modernisiert und zum jetzigen Spreewaldhotel Leipe umgebaut wurde. Das im Sommer vielbesuchte Haus hat natürlich einen eigenen Kahnhafen, liegt aber ruhig und abseits der großen Touristenwege.
Dorfstr. 20
03226 Leipe
Tel. 0 35 42/22 34, Fax 38 91
21 Zimmer
Mittlere Preisklasse (AE, DC, EC, Visa)

Das zweisprachige Ortsschild erinnert an das slawische Erbe

Essen und Trinken

Dubkow-Mühle
Vor 300 Jahren stand an dieser abgelegenen Stelle im Wald tatsächlich eine Wassermühle (bis 1923). Seit 1737 besaß sie auch das Schankrecht, damit die auf das Mahlgut wartenden Bauern etwas zu trinken hatten. In diesem Jahrhundert wurde daraus ein Gasthaus an einer Schleuse, ein rotbrauner Fachwerkbau unter Pappeln und Erlen, der erfreulicherweise vor dem Verfall gerettet wurde. Der Wirt August Konzack, ein frühes Spreewälder Original, hat sich eine eigene Haussage zugelegt: In seinem Keller hockt an einer Holzkette ein riesiger Ochsenfrosch, der nur freigelassen wird, um angeheiterten Gästen den Heimweg zu zeigen, indem er ihnen laut schmatzend voraushüpft.
1,5 km südöstlich von Leipe, an der Straße nach Burg-Kolonie
Tel. 0 35 42/22 97
Untere Preisklasse (keine Kreditkarten)

Pohlenz-Schänke
Am Südrand des sagendumwobenen Hochwalds, an der Leipscher Grobla (dem Leiper Graben), liegt seit 1786 das älteste Gasthaus des Spreewalds, die Pohlenz-Schänke. Das traditionelle Ausflugslokal mit Sommergarten wird während der Saison zwar von vielen Kahngruppen angefahren, aber auch dem architekturhistorisch Interessierten bietet es ein lohnendes Ziel. Vor fast hundert Jahren nämlich bekam das Haus einen großen Saalanbau nach Plänen des Berliner Künstlers Karl Friedrich Schinkel. Die Wandmalerei stellt mit naiv-ländlichen Szenen den Spreewald in allen Jahreszeiten vor. In einer der Gaststuben hängt das »Fährmannslied« von Otto Belaschk aus. Die anrührenden Verse offen-

Versteckt inmitten alten Baumbestandes: die Pohlenz-Schänke

baren die Liebe der Bewohner zu ihrer Heimat. Wer hier einmal außerhalb der Saison ohne Hast verweilt, gewinnt einen Eindruck vom Geist dieser Landschaft.
Pohlenzweg 1
03226 Leipe/Post Burg
Tel. 03 56 03/2 98
April–Okt.
Mittlere Preisklasse (keine Kreditkarten)

Zum Schlangenkönig
→ Der besondere Tip, S. 36

Der Spreewald liegt inmitten einer Landschaft, die der Mensch seit langem verändert, behutsam im Mittelalter, großräumig in diesem Jahrhundert.

Die nördliche Nachbarregion ist über große Strecken so erhalten, wie sie in der frühen Neuzeit war. Der Weg von Peitz zum Beispiel nach Guben an der polnischen Grenze verläuft wie eh und je meilenweit durch Laub- und Kiefernwälder. Und einem kleinen Dorf wie Drachhausen, das westlich von Peitz in einer geschlossenen Waldlichtung liegt, sieht man noch heute an, wie es durch Holzeinschlag und Rodung den Platz für seine Häuser geschaffen hat. Lohnende Ausflugsziele sind hier die Badeseen, aber auch kleine Städte wie Zaue am Schwielochsee. Es hat eine wehrhafte Zisterzienserkirche aus dem 14. Jahrhundert, aus unbehauenen Findlingen und groben Ziegeln gebaut und mit mahnenden Wandmalereien geschmückt (zum Beispiel eine Bäuerin, die beim Buttern schläft und sogleich von zwei Teufeln heimgesucht wird). Sehenswert, wenn auch leicht vernachlässigt, sind das Hohenzollern-Palais in Kossenblatt, westlich vom Schwielochsee, in dem der gichtkranke Soldatenkönig seine »Schmerzensbilder« malte, aber auch das Barockschloß in dem schlichten Straßendorf Lieberose nordwestlich von Peitz. Den Osten und Süden des Spreewalds jedoch hat das Industriezeitalter geprägt: der Braunkohlentagebau.

Im Spreewald selbst sollte man das Auto tunlichst stehen lassen und sich zu Fuß, mit dem Fahrrad oder – am besten – mit dem Boot fortbewegen.

Mit dem Rad unterwegs

Im Unteren Spreewald bieten sich von Lübben, unmittelbarer noch von Schlepzig aus leichte Touren zu den vier stillen Seengruppen an, die anders kaum zugänglich sind. Von Schlepzig in Richtung Nordwesten erreicht man Groß Wasserburg, das frühere Fischerdorf, den Köthener See sowie unter schattigen Kiefern die sechs kleinen Waldseen in der Nachbarschaft.

Den Oberspreewald sollte man wenigstens einmal der Länge nach mit dem Rad durchqueren, zumindest von Burg bis Lehde (etwa 15 Kilometer). Erst dann gewinnt man ein tieferes Bild von dieser einzigartigen Landschaft aus Fließen, Restwäldern, Mooren, Äckern und Weideflächen, die vom Wasser aus so vollständig nie zu sehen ist.

Es gibt keine extra Fahrradwege im Spreewald; alle Wan-

Der Spreewald ist auch für Fahrradfahrer ein dankbares Revier

derwege jedoch sind gleichzeitig auch als Radwanderwege zu benützen. Die meisten sind markiert, im übrigen sind an vielen Kreuzungen kleine Hinweisschilder angebracht (auch vor den Schutzzonen, die nicht betreten oder befahren werden dürfen). Im schmalen Unterspreewald ist die Orientierung ohnehin erleichtert: Die Fließrichtung ist fast ausschließlich von Süden nach Norden. Nach Regentagen sind manche Wegstellen oft schlammig, so daß man das Rad ein Stück tragen muß. Mit der einmal eingeschlagenen Spree-Seite hat man für einige Zeit seine Wahl getroffen. Nur an wenigen Stellen nämlich läßt sich der Unterspreewald in Ost-West-Richtung oder umgekehrt durchqueren. Ansonsten aber laden alle Wald- und Wiesenwege auch zu ungeplanten, Radtouren ein.

Im Paddelboot

Dem Wasserwanderer bietet das Netz der Fließe und Kanäle eine schier unendliche Fülle von Routen und Fahrten. Zudem erleichtert das geringe Gefälle das Vorwärtskommen auch gegen die Strömung. Nur bei Hochwasser wird eine Strömungsgeschwindigkeit von 1 m/s gemessen, normalerweise liegt sie darunter und ist bei Niedrigwasser kaum wahrzunehmen. Abhängig von der Strömung, aber auch von Erfahrung und Ausdauer eines Paddlers, beträgt seine Durchschnittsgeschwindigkeit auf den Fließen 2 bis 4 km/h.

Nur an wenigen Schleusen ist ein Umtragen erforderlich. Andere Schleusen kann selbst der unerfahrene Paddel-Tourist, nach Lektüre der sichtbar angeschlagenen Gebrauchsanweisung, von Hand bedienen. Es ist gute Sitte, eine Schleuse möglichst nicht allein zu befahren, sondern auf ein zweites Boot oder einen Kahn zu warten, um das abfließende Wasser zu sparen. Größere Schleusen außerhalb des Spreewalds haben oft geregelte Öffnungs- und Schleusungszeiten.

Unbedingt notwendig für größere Touren ist eine gute Wasserwanderkarte, mit der man die Tour vorher planen sollte: Sehr leicht, schon nach einem falschen Abbiegen, hat man sich in dem Labyrinth der Fließe verirrt. Nicht überall sind die Fließe an Einmündungen gut beschildert. Notfalls hält man sich an die Hauptfließrichtungen: im Unterspreewald von Süden nach Norden, im Oberspreewald zumeist von Osten nach Westen. Auf einer Wasserkarte ist auch verzeichnet, welche Fließe gesperrt sind. Die Höchstgeschwindigkeit für Sportboote beträgt selten 5, zumeist 10 km/h (nur auf dem Schwielochsee: 12 km/h). Die Touristenzentren Lübbenau und Lehde sind zwischen 9 und 16 Uhr eher zu meiden. Im übrigen hat ein Kahn immer Vorfahrt vor einem Sportboot. Selbstverständlich ist an allen unbefestigten Stellen jede Landung verboten (Naturschutzgebiet), erst recht Picknicken, Feuermachen und Zelten.

Vier Tourengebiete

Zur ersten Orientierung im Spreewald kann man vier verschiedene Gebiete unterscheiden, die für Touren, sei es zu Wasser oder zu Land, geeignet sind.

Der Untere Spreewald um Schlepzig herum: Er ist nicht so spektakulär bewaldet, dafür aber stiller und – besonders im nördlichen Teil bei Groß-Wasserburg – unwiderstehlich romantisch.

Die Wege und Fließe bei Lübbenau und Lehde sind seit Fontane die meistbesuchten Anziehungspunkte. Im Lübbenauer Kahnfährhafen steigen an einem schönen Wochenende mehrere tausend Menschen aus und ein, und die Leiper Ausflugslokale sind dicht besetzt. Eine »Familienstrecke« ist hier der Weg von Lübbenau bis zur Gaststätte Wotschofska.

Etwas ruhiger, von der Hochsaison einmal abgesehen, geht es in Burg und seiner Umgebung zu. Da der Ort zwei Kahnfährhafen besitzt, verteilt sich die Besuchermenge. Im übrigen trägt die Form der Streusiedlung dazu bei, daß hier selten Gedränge herrscht.

Schließlich das Gebiet zwischen den Zentren Burg und Lübbenau/Lehde/Leipe. Die Hochwasserfließe und erst recht die Kanäle, also auch die Wanderwege, verlaufen hier meist lange Zeit schnurgerade. Aber dieser Mangel an Abwechslung bietet zum Ausgleich eine weitgehend friedliche Unberührtheit. Das gilt besonders für den Teil südlich der Hauptspree. Zu den Stradower Teichen, nach Raddusch oder auf das Fließ Radduscher Kahnfahrt verirrt sich kaum je ein Tourist.

Wer dem Massenbetrieb im Kahn entgehen will, steigt ins Paddelboot

Nach Bad Muskau

Das einzigartige an diesem Eldorado aller Gartenliebhaber: Die Stadt besitzt nicht einen Park, sie liegt in einem Park. Er ist, großartiger noch als Branitz, ein Werk des Landschaftsarchitekten Fürst Hermann Pückler.

Im Jahr 1815 begann der Fürst mit der Muskauer Bürgerschaft den Ankauf und Tausch großer Ländereien, um seine Vision eines landschaftlichen Gesamtkunstwerks zu verwirklichen. Die Arbeiten dauerten Jahrzehnte. Er zweigte neue Flüsse von der Neiße ab (die »Hermannsneiße«), flutete den Schloßteich, öffnete hier neue Sichtachsen und Perspektiven, setzte dort ausgewachsene Bäume in den Badepark, Linden auf den Oberberg oder eine 40jährige Blutbuche an die Schloßrampe und dehnte schließlich die Parkanlage bis an die Tore der Stadt aus, ja weit ans andere Neiße-Ufer. Zwischendurch fand er noch Zeit, sein berühmtes Buch »Andeutungen über Landschaftsgärtnerei« zu schreiben (1834). Rettungslos verschuldet, verkaufte er den Besitz 1845 und zog sich nach Branitz zurück.

Danach wechselten Park und Stadt mehrmals ihren Besitzer. Aber jeder von ihnen arbeitete weiter an dem Garten. Mitte des 19. Jahrhunderts wurden am Burgberg der Viadukt und – nach Plänen Gottfried Sempers – die Orangerie gebaut, die Prinzenbrücke in Stein erneuert und die ersten Promenadenwege angelegt. Das Mausoleum entstand und das Schloß erfuhr einen neorenaissancehaften Umbau. Erst 1868 war Pücklers große Vision vollendet. Im 20. Jahrhundert wurde noch die Postbrücke erneuert; die Umwidmung der Badehäuser zu Wohnhäusern geschah nach dem Ersten Weltkrieg.

Seit 1931 standen bereits 240 Hektar der ungeheuren Anlage unter Naturschutz. Bei Kriegsende waren fast alle Parkbauten zerstört. Aber schon in DDR-Zeiten unternahm man den Wiederaufbau. Der eingetretene Wildwuchs wurde beseitigt, im Kavaliershaus das Moorbad eröffnet, die »Rote Brücke« aufgebaut, die Villa Bellevue renoviert, die große »Diagonalsicht« wieder eröffnet, Teiche wurden entschlammt, neue Bäume gepflanzt, Wanderwege angelegt. Im Alten Schloß sind heute ein Weinkeller und das Parkmuseum untergebracht, in der ehemaligen Schloßgärtnerei ein Tropenhaus eingerichtet.

Auch der in Polen gelegene Teil des Areals (300 Hektar) läßt sich heute besichtigen. Hier haben neuerdings die Aufräumarbeiten angefangen, sogar der alte Pückler-Gedenkstein wurde wieder aufgestellt.

Auskunft: Tel. 03 57 71/5 04 92
Anfahrt: von Cottbus nach Südosten über die B 115. Rückweg über Forst, mit einem Besuch des Rosenparks, 95 km
Dauer: Tagesausflug
Karte: → Klappe vorne

In die Braunkohle

Von Cottbus aus fährt man auf der B 169 nach Südwesten und kommt nach 15 Kilometern, kurz vor Drebkau, an dem gerade fertiggestellten, zwangsläufig ein wenig künstlichen Musterdorf **Neu-Kausche** vorbei. Hierher werden die Bewohner von Kausche umgesiedelt, das einem Tagebau weichen muß. Dieses alte **Kausche** erreicht man, indem man am östlichen Ortsausgang von Drebkau Richtung Steinitz nach Süden abbiegt (sechs Kilometer). Das Dorf, zum Teil noch bewohnt, soll bis 1997 geräumt sein. Schon jetzt schiebt sich der Tagebau Welzow-Süd unaufhaltsam den Häusern entgegen. Ostwärts führt aus dem Dorf noch eine Straße hinaus und durch den Restwald, wo durch dicke Rohrleitungen das abgepumpte Grundwasser rauscht. Gleich dahinter, im abgeholzten Gelände, endet die Straße an der Grube, über deren Rand der Schaufelradbagger herausschaut (der mutige und nicht ganz legale Fußwanderer sollte jedoch einen Sicherheitsabstand von wenigstens fünf Metern zum Grubenrand halten, der jederzeit abbrechen kann). Ein offizieller Aussichtspunkt für die Grube befindet sich bei **Papproth**, abseits der Straße Drebkau–Spremberg.

Kraftwerk und Talsperre

Über Neupetershain zurück auf der B 169, fährt man dann in Richtung Senftenberg weiter bis zur Abzweigung der B 156 und auf dieser nach **Spremberg**. Schon von weitem sieht man die beiden neuen Türme des Kraft-

Der Braunkohleabbau bestimmt das Erscheinungsbild der Region

werks im Ortsteil Schwarze Pumpe. In Spremberg biegt man links auf die B 97 ab, die dann hinter dem Ort an der **Talsperre Spremberg** vorbeiführt. Hier wird der Abfluß der Spree nach Cottbus und in den Spreewald reguliert. Sieben Kilometer weiter nördlich erreicht man die Autobahnabfahrt Cottbus-Süd und über die A 15 in östlicher Richtung Forst, wo man die Autobahn wieder verläßt und auf die B 112 gelangt; auf ihr fährt man dann Richtung Guben weiter.

Ein aufsässiges Dorf

Über Mulknitz und Bohrau kommt man bald nach **Briesnig**. Dort, am Rand des Tagebaus Jänschwalde, befindet sich ein weiterer Aussichtspunkt auf dem Lärmschutzdamm. In der Ferne ragt über den Grubenrand die riesige Abraumfördermaschine F 60, die bis zur Rekultivierung eine fünf Kilometer breite Mondlandschaft hinter sich zurückläßt. Knapp sechs Kilometer weiter nördlich geht es links ab nach **Horno**. Auch dieser Ort liegt im Abbauplan des Tagebaus Jänschwalde. Aber hier wehren sich die Bewohner. An jedem zweiten Haus sieht man ein Transparent, ein Schild, ein beschriftetes Tor mit Slogans gegen die Räumung (»Horno ist Leben, Braunkohle ist Tod!«). Das ganze Dorf ist eine Protestdemonstration.

Am westlichen Dorfausgang gelangt man dann nach neun Kilometern über Heinersbrück nach **Grötsch** am Westrand des Tagebaus. Das kleine Dorf hatte noch Glück, es wurde nur halbiert. Seine Welt endet hinter den letzten Häusern an einer rostigen Eisenwand, die das endlos jaulende Geräusch der Löffelbagger fernhalten soll. An einem freigelassenen Stück der Wand wieder ein Aussichtspunkt.

Ein sterbendes Dorf

Zurück über Heinersbrück, dann geradewegs nördlich weiter, kommt man kurz vor Peitz zum Kraftwerk **Jänschwalde**. Es wurde gerade mit großem Aufwand entschwefelt (leider wird nur im September ein Tag der Offenen Tür veranstaltet). In Peitz trifft man auf die B 97, die nach Cottbus zurückführt. Nach etwa acht Kilometern sollte man aber links nach **Lakoma** einbiegen. Unmittelbar am Straßenrand haben Naturschützer Kreuze für die durch die Braunkohle bedrohten und schon verschwundenen Tierarten aufgestellt. Vor den Augen der letzten Bewohner bauen lärmende Großgeräte zur Zeit eine Dichtungswand in den Boden, die das weitere Absinken des Grundwassers jenseits des künftigen Grubenrands verhindern soll. Eines Tages, nach der Rekultivierung, wird hier ein riesiger Badesee für die Cottbusser sein.

Auskunft: Lausitzer Braunkohle AG
Tel. 0 35 73/78 30 50
Route: 170 km
Dauer: längerer Tagesausflug
Karte: → Klappe vorne

Durch den Unterspreewald

Die Tour durch den Unterspreewald führt die Spree entlang von Lübben nach Schlepzig. Los geht's in Lübben am Gymnasium, an der B 115 (Richtung Berlin) gleich rechts hinter der Brücke über die Berste. Hier führt der Lehnigsberger Weg entlang der Berste durch ein Kleingartengelände und an einer Schleuse vorbei bis zur Mündung in die Spree. Kurz danach kommt man am Gasthaus **Lehnigsberg** zur ehemaligen Trasse der Spreewaldbahn. Man überquert ein kleines Fließ, die None, und gelangt an die Teichgruppe I, die auf dem östlichen Außendamm, parallel zur Spree, umfahren wird. Nun hält man sich rechts, immer in Spreenähe, so daß man kurze Zeit später die hohe Eisenbahnbrücke vor sich hat. Hier kann die Spree – ausnahmsweise mal – zu Fuß überquert werden, was zu einem spontanen Abstecher zur Teichgruppe II verleiten mag. Die nächste bequemere Möglichkeit bietet sich erst wieder weiter nördlich, beim **Hartmannsdorfer Wehr**, einer rekonstruierten Schleusenanlage. Hier stößt man auf einen gutbefahrbaren Deichweg, der in nördlicher Richtung an der Teichgruppe III vorbeiführt (während die andere Richtung, rechts abbiegend, nach Lübben zurückführt). Am Ende der Teiche überquert man die Zufahrtsstraße zum Gasthaus Petkamsberg. Von hier aus geht es entlang der Ostseite der Teichgruppe VI (dem Inselteich) vorbei am **Schlepziger Badesee** bis nach **Schlepzig** hinein. Als Rückweg kann man entweder die jeweils andere Spreeseite oder die Straße nach Krausnick und hier den markierten Weg durch Wald und Wiesen nach Hartmannsdorf und Lübben wählen.

Streckenlänge: 30 km
Dauer: Halbtagestour
Karte: → Klappe vorne

Zahlreiche Holzbrücken ermöglichen die Überquerung der Fließe und Kanäle

Rundfahrt durch den Oberspreewald

Im Oberen Spreewald, größer und wegereicher als der Unterspreewald, ist das Rad das vernünftigste Verkehrsmittel überhaupt. Die ihrer Fläche nach sehr große Streusiedlung Burg bietet sich zur Erkundung mit dem Rad geradezu an. Der Oberspreewald ist zudem der Länge wie der Breite nach sehr gut erschlossen, und die meisten Radwege sind gut beschildert. Allerdings kommt man auch hier auf Sandwegen immer wieder an nasse Stellen, die man besser schiebend und in gutem Schuhwerk umgeht. Bei Off-Road-Touren ist Vorsicht angebracht: Nicht immer findet sich eine Brücke oder eine »Bank« da, wo man sie gern hätte. Und leicht verirrt man sich zwischen den Kanälen. Die Fließrichtung ist hier zwar großenteils von Osten nach Westen, aber die Verbindungsfließe laufen mal nach Norden, mal nach Süden.

Von Burg nach Leipe

Die große Tour beginnt am Kahnfährhafen II in **Burg-Kauper** (Gasthaus Waldschlößchen). Man nimmt zuerst die Waldschlößchenstraße in westlicher Richtung, überquert nach einer Linkskurve ein Fließ, biegt aber vor der folgenden Brücke gleich links in einen Landwirtschaftsweg ab (nach Regentagen sehr schwer befahrbar). Nach einer Rechtskurve fährt man dann parallel zum rechter Hand hinter Büschen verlaufenden Rohrkanal westwärts über Wiesen und zwei Brücken bis zum Inseldorf **Leipe**.

Die schönen Alleen sind der Verkehrsplanung noch nicht zum Opfer gefallen

Von Leipe nach Alt Zauche

Am anderen Ende des Dorfes geht der Weg unter Birken in den traditionellen Spazierweg nach **Lübbenau** über. Schon vor Lübbenau verbreitert sich der Weg und endet schließlich am Kahnfährhafen. Nun geht es hinter dem Schloßhotel vorbei am Bürgerfließ entlang von Lübbenau zur Gaststätte **Wotschofska**. Vor dem Gasthaus zweigt links der Plattenweg nach Alt Zauche ab. Nach 700 Metern überquert man auf einer kreuzenden Straße rechts den Wehrkanal und biegt auf seiner anderen Seite gleich dahinter wieder nach links ab. Nach einem knappen Kilometer kreuzt wieder eine Plattenstraße, auf die man nach links einbiegt. Jetzt fährt man zwei Kilometer lang an der Mutnitza (am Großen Fließ) entlang, bis man nach rechts eine Brücke überquert. Man kreuzt den Dammweg am anderen Ufer und gelangt halblinks auf einen weiteren Plattenweg, der nach einer scharfen Linkskurve bald in eine (holprige) Pappelallee übergeht. Noch eine Rechtskurve, und nach 800 Metern trifft man auf die Asphaltstraße, die rechts nach **Alt Zauche** führt.

Von Alt Zauche nach Burg

Hinter dem Alt Zaucher Kahnfährhafen und hinter der Brücke über den Nordumfluter, also noch vor dem Ort, zweigt von der Straße rechts ein Landwirtschaftsweg ab, am Nordufer des B-Grabens. Nach 1,5 Kilometern kreuzt ein ähnlicher Weg, hier links abbiegen und nach einem weiteren Kilometer vor einer Brücke, die über den A-Graben führt, rechts auf die Asphaltstraße. Bevor die Straße (nach 5,5 Kilometern) in einer Linkskurve den A-Graben überquert, führt ein Wirtschaftsweg rechts ab. Er kreuzt nach 850 Metern einen Feldweg, in den man nach links einbiegt. Nach wenigen Minuten hat man dann die Straße von Straupitz nach **Burg** erreicht und ist bald wieder am Ausgangspunkt.

Raststellen

Da die Rundfahrt leicht länger als einen halben Tag dauert, kann ein Hinweis auf mögliche Rastpunkte nützlich sein. In Leipe bieten sich der urige »Schlangenkönig« oder auch das noblere »Spreewaldhotel« an. Ein Abstecher von Lübbenau nach Lehde und zu den dortigen Kahnrouten-Gaststätten lohnt weniger als eine ausgiebige Rast in der ohnehin am Weg liegenden »Wotschofska«. In Alt Zauche gibt es das Gasthaus »Zum Spreewald«, das aber in der Saison auch von Busgruppen angefahren wird. Jedoch sollte der hungrige Radwanderer spätestens hier eine Mittagspause einlegen, denn zwischen Alt Zauche und dem Ziel Burg liegt auf dieser Route kein Gasthaus mehr.

Streckenlänge: 38 km
Dauer: Tagestour
Karte: → Klappe vorne

Im Unterspreewald

Dieser Teil des Spreewalds ermöglicht lange Spaziergänge nicht nur entlang der Teichgruppen, sondern auch an seinen Rändern durch die Kiefernwälder um Krausnick (westlich von Schlepzig) oder um Lübben (westlich die Lubolzer, nördlich die Lübbener Heide). Verlockend sind große Wasser-Umrundungen wie um den Neuenburger See, die Köthener Seen oder die Feld- und Wanderwege zwischen dem Groß Leuthener und dem Dollgensee (ausgehend von Groß Leuthen).

Um den Briesener See

Eine der kleineren, selten begangenen Wanderungen hier führt östlich von Lübben um den Briesener See herum. Vom Ort **Briesensee** fährt man zum Parkplatz am Südostufer des Sees. Dann wandert man durch den Mischwald entgegen dem Uhrzeigersinn am Ufer entlang. Zu einer größeren Tour kann man nun unmittelbar vor der Grabenbrücke rechts abbiegen. Am Südrand des **Briesener Luches** (Moorgebiet) berührt man nach einem Kilometer die Straße von Briesensee nach Klein Leine, verläßt sie aber nach hundert Metern wieder, hinter einer Brücke, auf einem schmalen Feldweg, der an einem Kiefernwald vorbei zum **Klein Leiner See** führt. Hier geht man das Ostufer nach Norden. Am Ende des Sees stößt man auf einen Fahrweg, der linker Hand nach 1,5 Kilometern im Wald zum winzigen **Barbas-See** führt. Man spaziert die kurze Strecke am Ostufer entlang, bis sich der Weg

Im frühen Frühjahr sind Wanderungen im Spreewald besonders reizvoll

gabelt: Hier hält man sich links und ist nach wenigen Minuten am Zeltplatz des **Briesener Sees**. Nun vollendet man den Rundgang am Westufer, bis man wieder am Parkplatz ankommt.

Streckenlänge: größere Tour 8 km (3 Stunden);
kleinere Tour 4 km (1,5 Stunden)

Rund um das Dürrenhofer Moor

Eine zweite Wanderung führt von Schlepzig zum Dürrenhofer Hochmoor. In **Schlepzig** geht man die Dorfstraße hinunter, am Bauernmuseum vorbei, bis die Straße nach Lübben rechts abknickt. Hier geht man weiter geradeaus den markierten Wanderweg, am Rand einer bewaldeten Sanddüne entlang. In der Ortsmitte des Dorfes **Dürrenhofe** biegt man links nach Norden ab. Nach einem knappen Kilometer ist die Südwestecke des Hochmoors am Waldrand (Bademöglichkeit im Moorsee) erreicht. Man umrundet es gemütlich auf einem eigenen Weg und biegt am Ausgangspunkt dieses Rundwegs nach rechts in nordwestlicher Richtung auf den sogenannten Heuweg ab. Nach einem guten Kilometer gelangt man an einen Forstweg, in den man links einbiegt. Von hier aus sind es dann zwei Kilometer nach Schlepzig zurück.

Wer gut zu Fuß ist, kann diese Wanderung auf einen ganzen Tagesausflug verlängern, indem er über Dürrenhofe hinaus zehn Kilometer durch **Krugau** bis zum **Groß Leuthener See** weiterwandert.

Wegweiser durch das Labyrinth der Wanderstrecken

Streckenlänge: 7 km (1,5 Stunden)

Andere Ziele

Von Krausnick aus (fünf Kilometer westlich von Schlepzig) ergibt sich eine kleine, aber lohnende Zweistundenwanderung, fast immer im Wald, um das Naturschutzgebiet **Luchsee** herum. Und wer durch Groß Wasserburg kommt, sollte die etwas längere Waldwanderung zu den versteckten **Köthener Heideseen** unternehmen (die ebenfalls unter Naturschutz stehen). Der Bequemere kann diese Sieben-Seen-Wanderung natürlich auch in Köthen selbst beginnen.

Im Oberspreewald

Nicht zu lang, daher beliebt und in der Hochsaison stark bevölkert ist der traditionelle Spaziergang von **Lübbenau** zur Gaststätte **Wotschofska** (3,4 Kilometer). Nur wenig einsamer ist im Sommer der schöne birkenbestandene Weg von **Leipe** nach **Lübbenau** (3,8 Kilometer). Er führt durch einen urwaldartigen Spreewald, in dem man durch die Erlen hindurch auf der Hauptspree die Ausflugskähne fahren sieht. Selten überlaufen sind die Wege, die den Spreewald in der Breite durchqueren, etwa von **Lübbenau** nach **Alt Zauche** (→ Mit dem Fahrrad, S. 107) oder der Wanderweg vom Gasthaus Eiche in **Burg-Kauper** am Nordfließ entlang durch den aufgeforsteten Hochwald zur Kannomühle und weiter zur **Forststation Schützenhaus**. Zwei sehr schöne Wanderungen lassen sich aber auch am Nordrand des Oberspreewalds unternehmen.

Von Straupitz zum Byhleguhrer See

Man geht in Straupitz zuerst ein Stück auf der Cottbusser Straße bis zum Wald, wo rechts der markierte Buyttna-Weg zu einem uralten Eichenhain führt. Im 19. Jahrhundert waren die Eichen unentbehrliche Futtermittellieferanten für die Schweinemast. Statt teurem Futtergetreide wurden den

Schweinen Eicheln verfüttert. Das Wegstück nach dem Hain, ein uralter Weg zu einer Opferstätte unter den Eichen, heißt »Heiliger Gang«. Auf ihm kreuzt man eine Asphaltstraße und gelangt zur Jugendherberge am **Byhleguhrer See** (beschildert). Der See ist zum Baden kaum geeignet.

Nach dem Damm-Rundgang um den See trifft der Weg wieder auf die Straße nach Straupitz. Nach einem Kilometer geht rechts ein breiter Waldweg ab, der an einem kleinen Teich vorbei zum Ausgangspunkt zurückführt.

Streckenlänge: 12 km (4 Stunden)

Von Straupitz nach Byhlen

Hier verläßt man den Marktflecken auf der Straße nach Butzen. 500 Meter hinter dem Ortsschild zweigt rechts die »Kirschallee« ab, die über Felder und dann durch einen Kiefernwald nach **Byhlen** hineinführt. Dort überquert man die Dorfstraße und biegt nach 400 Metern in einen Feldweg zum Wald hin ab. Bald kommt man an einen Waldweg, wo linker Hand, vor dem Forsthaus, **Pintschens Quell** liegt (von dieser heute eingefaßten Waldquelle bezogen Schloß und Brauerei Straupitz durch präzis nivellierte, sieben Kilometer lange Holzrohre ihr Wasser). Nach diesem Abstecher geht es rechts an der Freileitung entlang weiter und am Feldrain hinauf zum Weinberg. An seinem Osthang findet man einen kleinen Weg, der ins Dorf Byhlen zurückführt.

Streckenlänge: 12 km (5 Stunden)

Die Qual der Wahl: welcher Weg ist der schönste?

Auf dem Wasser unterwegs

Bei den Kahnfahrten ist zu unterscheiden zwischen den von den Kahnfährleuten angebotenen Standardrouten und selbstorganisierten Fahrten.

Organisierte Standardtouren

Insgesamt 16 Kahnfährhäfen im Spreewald und 500 Kahnfährleute stehen zwischen Mai und September für die Gäste bereit. Viele der »Häfen« sind kleine, liebenswürdige Anlegestellen, an denen nur ab und zu ein Kahn zu einer meist gruppenorganisierten Tour startet. Das sollte, sagen die Einwohner, auch ruhig so bleiben. Es gerät dem Spreewald sehr zum Vorteil, daß der große Andrang der Touristen auf wenige Stellen konzentriert bleibt. Hier ist an erster Stelle **Lübbenau** zu nennen, das touristische Zentrum für die Kahnfährleute. Von einer erhöhten Kabine aus und über Lautsprecher steuert der Hafenmeister das Verkehrsgeschehen auf dem Wasser. In schneller Folge, oft vier und fünf hintereinander, kommen die Kähne unter den Bäumen hervor, legen an, wechseln ihre Fahrgäste aus und machen sich schon wieder auf die nächste Reise. Das sieht zwar nach Massenbetrieb aus, aber immer ist ausreichend Platz, und der Besucher profitiert davon, daß er nie lange auf den Beginn einer Fahrt warten muß.

Die meisten Kähne begeben sich auf die kleine Rundfahrt von anderthalb bis drei oder vier Stunden nach **Lehde** und zurück. An der ersten Biegung wird der

Üppiges Grün überwuchert die Ufer eines stillen Seitenkanals

ganze Kahn ohne weitere Umstände vom Ufer aus fotografiert. Dann reicht der Fotograf an einer langen Stange die Gutscheine ins Boot, mit denen man nach der Rückkehr das – allerdings nicht kostenlose – Erinnerungsfoto abholen kann. Ein nächster Halt ergibt sich schon wenige Minuten später. Am Ufer ist ein großer Verkaufsstand aufgebaut, damit die Fahrgäste noch einmal Gelegenheit haben, sich mit Souvenirs wie Spreewaldgurken, Schnaps und Schnitzereien zu versorgen.

Für viele der Höhepunkt der Fahrt ist schließlich die ausgiebige Rast in einem der Lehder Ausflugslokale, in der »Quappenschänke«, im »Fröhlichen Hecht« oder im »Café Venedig«. Sie sind heute eindeutig nicht mehr, wie noch zu Fontanes Zeiten, von Künstlern und Dichtern besucht. Während der ganzen Fahrt erzählt der Kahnfährmann in routinierten bis humorigen Wendungen, warum es im Spreewald so schön ist. Am Ende der Route nimmt er das Fahrgeld entgegen.

Fast zwangsläufig begegnet der Besucher auf dieser Kahnroute am Wochenende einem Betriebsausflug oder einer auch anlaßlos feiernden Menschengruppe. Vor allem männliche Kahngäste genießen oft ungehemmt die Freiheit auf dem Wasser und schicken dann ihr Gelächter und allerhand feuchtfröhliche Scherze von Kahn zu Kahn. Das mag einigen zu lebhaft sein. Ihnen ist aber leicht damit geholfen, ihre Wasserreise in einem der stilleren Häfen anzutreten. Doch schon die zweite Lübbenauer Standardtour verläuft nicht mehr ganz so geräuschvoll. Sie führt in viereinhalb Stunden zur Gaststätte **Wotschofska** und zurück. Auf dieser Strecke fahren die Kähne wenigstens nicht mehr im Konvoi, und die Menge der Ausflügler verteilt sich gut im großen Biergarten (mit Selbstbedienung) unter den hohen Kiefern.

Eine schönere und fast immer angebotene Rundtour geht auf der Hauptspree durch den Wald von Lübbenau nach **Leipe**, parallel zum Spazierweg dorthin. Sie kann leicht bis zu sieben Stunden dauern. Sie läßt sich, wenn man flexibel ist, auch in umgekehrter Richtung von Leipe aus organisieren, von einem der dortigen Gasthäuser aus.

Sehr viel seltener wird in Lübbenau eine Kahntour in das letzte Refugium des alten Spreewalds angeboten, in den **Hochwald**. Da er relativ entfernt am Nordrand der Niederung liegt, dauert die fast nur für geschlossene Gruppen organisierte Tour einen ganzen Tag (acht bis neun Stunden).

Anders ist die Situation im weniger belebten **Burg**. Vom Hafen I (Burg-Dorf) aus finden regelmäßig fast nur kleinere Kahnfahrten durch die Streusiedlung statt. Vom Hafen II (Burg-Kauper, Waldschlößchen) gehen zwar, von Gruppenbuchungen abgesehen, einige Fahrten auch in den Hochwald (drei Stunden), aber oft, speziell außerhalb der Saison, kann man nicht sicher sein, ob das Warten des Fährmanns auf genügend Gäste erfolgreich ist. Hier muß der Besucher also etwas Geduld und Flexibilität mitbringen.

Weniger besuchte Fährhäfen, etwa **Alt Zauche** oder **Buschmühle** (südlich von Straupitz), **Raddusch** oder **Vetschau**, organisieren so gut wie ausschließlich bestellte Gruppenfahrten.

Selbst organisierte Touren sind Verhandlungssache

Mit jeder Fährleute-Genossenschaft, auch mit dem einzelnen Fährmann, vielen Hotels, sogar einigen Restaurants und Ufer-Cafés kann man eine eigene, persönliche Kahntour vereinbaren. Die Stundenpreise sind aushandelbar. Für einen nur mit einer oder zwei Bänken bestückten Kahn schwanken sie zwischen 50 bis 70 DM (Angebot eines Cafés in Lübbenau am Wochenende, mit bis zu 14 Personen) und 30 bis 40 DM (ein Bootshaus in Burg-Kauper, unter der Woche). Mit Tischen und kleiner Bewirtung auf dem Kahn kostet es etwas mehr.

Von **Lübbenau** aus sollte man unbedingt eine Tagestour über Bürgerfließ und Wehrkanal in den Hochwald unternehmen. In **Burg** bietet sich eine Hochwald-Tour an, die zum Großen Fließ, Dietmarfließ (oder kürzer durch den Peterkanal) zum Rückweg auf dem Nordfließ führt.

Eine solche Privatfahrt ist mehr wert als ihr Preis. Das ungewohnt langsame, stille Dahingleiten unter dem dunkelgrünen, lichtdurchfluteten Dach der Bäume ist sicher eine lange nachwirkende Erfahrung. Am schönsten ist die Fahrt zu ungewohnten Tageszeiten, etwa vor Sonnenaufgang oder zur Abenddämmerung, ganz zu schweigen von der unwiderstehlichen Romantik einer Nachtfahrt im Mondschein.

Der besondere Tip

Kahn-Patrouille Mit der Naturwacht am frühen Morgen im Kahn auf Streife fahren? Der ernsthafte Naturliebhaber sollte es ruhig einmal versuchen. So etwas steht zwar nicht im offiziellen Angebot, aber ein persönliches Interesse und eine freundliche Anfrage werden bestimmt nicht einfach zurückgewiesen, und Platz ist neben den zwei Mann Besatzung im großen Kahn immer. Ein Naturwächter kennt die Fließe besser als jeder andere und kann viel über ihre heimliche Geschichte und das Leben der Tiere und Pflanzen im Spreewald erzählen.

Durch Fließe und Gräben

Im Unterspreewald beginnt eine lohnende Strecke in **Schlepzig** am Hafen. Die Quaaspree stromabwärts, dann, immer noch mit der Strömung, rechts in den Puhlstrom einbiegen und in nördlicher Richtung durch den Wald. Hinter der Forststation **Moldenhauers Hütte** hält man sich links und setzt die Fahrt auf dem Langen-Horst-Graben fort. Bald kann man links in die Wasserburger Spree einbiegen, durch das Totalreservat nach **Großwasserdorf** paddeln und dort eine Rast einlegen. Dann geht es auf der Wasserburger Spree wieder zurück zur Einmündung, hier biegt man nun aber nach links in den Langen-Horst-Graben ein. Gleich danach, vor einer Schleuse, zweigt man scharf rechts in den Puhlstrom ein. Nach einem Kilometer stromaufwärts nimmt man linker Hand den Schiwastrom. Über die »Schnelle Katrein« wechselt man dann zum Zerniasfließ hinüber und kommt auf ihm durch eine Wiesenlandschaft wieder nach **Schlepzig** zurück.

Streckenlänge: 12 km (3 Stunden)

Im Oberspreewald

Im Oberspreewald kann man von **Lübbenau** aus zur Übung erst einmal die kleineren Touren nach **Lehde** oder zur **Wotschofska** unternehmen. Eine längere gutbeschilderte Rundfahrt geht über das Leineweberfließ (den Südumfluter) stromaufwärts, dann links die Untere Boblitzer Kahnfahrt bis zum Semischkanal und auf der Hauptspree nach Lübbenau zurück.

Streckenlänge: 10 km (3 Stunden)

Quer durch den Spreewald

Versierte Wasserwanderer können den Spreewald in fünf Tagen seiner ganzen Länge nach durchqueren, von **Cottbus** bis zum **Neuendorfer See**. Die erste Etappe auf der Spree bis **Burg** ist die schwerste: acht Sohlschwellen (bei Hochwasser leicht zu überfahren) und drei Stauwehre, die ein Umtragen erfordern. Dann geht es auf der Hauptspree weiter, an der Dubkowmühle vorbei nach **Lübbenau**. Am dritten Tag auf dem Burg-Lübbener Kanal und der Hauptspree bis **Lübben**. Die vierte Etappe führt wieder auf der Hauptspree bis zur Gaststätte **Petkamsberg** oder auch weiter nach **Schlepzig**. Schließlich auf der Hauptspree, ab Leibsch auf der Spree bis in den **Neuendorfer See**.

Streckenlänge: 68 km (5 Tage

Auskunft

Fremdenverkehrsverband Spreewald
Lindenstraße
03226 Raddusch
Tel. 03 54 33/7 74 33, Fax 7 74 34

Heimatverein Unterspreewald
Dorfstr. 26
15910 Schlepzig
Tel. 03 54 72/2 25

Fremdenverkehrsamt Unterspreewald
Hauptstr. 49
15910 Schönwalde
Tel. 03 54 74/2 06 26

Die Adressen der örtlichen Fremdenverkehrsämter finden Sie im Kapitel »Sehenswerte Orte und Ausflugsziele« bei den einzelnen Orten unter der Rubrik »Service«.

Sorbische Kulturinformation »Lodka«
Wendisches Haus
August-Bebel-Str. 62
03046 Cottbus
Tel. 03 55/79 11 10, Fax 2 35 31

Bruchwald

Ein Bruchwald ist kein Wald von abgebrochenen Bäumen, sondern steht aufrecht in einem Bruch (das oder der Bruch, die Brücher). Damit wird eine nasse Kleinlandschaft bezeichnet, die anderswo Moos oder Ried heißt. Ein anderes, mehr spreewälderisches Wort dafür ist: das Luch, zum Beispiel das Alt Zaucher Luch. Beherrscht wird der Bruchwald von der Erle. An trockeneren und damit nährstoffärmeren Stellen wachsen Kiefern und Birken.

Der Trabi hat ausgedient: wilde Deponie am Waldesrand

Grenzübergänge

Die im Krieg zerstörte Brücke über die Lausitzer Neiße in Forst ist noch nicht wiederhergestellt. Problemlos auch für Fußgänger ist der Grenzübergang nach Polen in Bad Muskau; auf der A 15 (hinter der Abfahrt Bademeusel) werden nur Kraftfahrzeuge abgefertigt.

Heuschober

Im Spreewald wurde das Heu traditionell nicht in einem Gebäude aufbewahrt, sondern auf der Wiese rund um eine in den Boden gerammte Stange kunstvoll aufgeschichtet, und zwar früher gegen das Hochwasser auf einem Holzrost etwa einen halben Meter über der Erde. Das ist ein Heuschober. Im inneren Spreewald kann man ihn noch manchmal sehen. Sonst sind die Bauern aber auch hier zu den modernen Heurollen übergegangen.

Historische Fotografien

Wer sich für historische Fotografien aus dem Spreewald interessiert, sollte unbedingt bei Ingmar Steffen vorbeischauen (Foto-Steffen am Hafen II in Burg-Kauper). Er hat die umfassende Sammlung von seinem Großvater geerbt und selbst weitergeführt.

Mücken

Seit durch Regulierungsmaßnahmen Hochwasser selten geworden ist, hat auch die Mückenplage nachgelassen. Wirklich lästig fallen die Mücken (es soll mehr als 20 Arten von Stechmücken geben) nur nach einem heißen regenreichen Sommer. Im Frühjahr sind sie oft noch gar nicht zu sehen. Bei einem kleinen oder mittleren Hotel sich darauf zu verlassen, daß es Mückenspray bereithält, kann riskant sein. Der Empfindliche versorgt sich also besser selbst damit.

Die genauen Klimadaten am Beispiel von **Cottbus**:

	Durchschnittstemperaturen in °C		Sonnenstunden	Regentage
	Tag	Nacht	pro Tag	
Januar	1,9	-3,4	1,8	8
Februar	3,3	-3,1	2,6	8
März	7,9	0,2	4,0	7
April	13,8	3,4	5,5	9
Mai	18,8	7,8	7,0	9
Juni	23,0	11,5	7,7	10
Juli	24,3	13,2	7,2	10
August	23,8	12,6	6,9	9
September	20,0	9,5	5,9	7
Oktober	14,0	5,6	3,7	8
November	7,5	1,9	1,8	9
Dezember	3,5	-1,4	1,3	10

Quelle: Deutscher Wetterdienst, Offenbach

Reisewetter

Auf dem Wasser, unter dem Schattendach der Erlen, ist es immer etwas kühl. Man tut also gut daran, für eine Kahnfahrt warme Kleidung mitzunehmen. Außerdem: Auch unter einem plötzlichen Regenschauer geht eine Kahnfahrt natürlich weiter. Bei unsicherem Wetter ist also ein guter, vollständiger und auch im Sitzen funktionierender Regenschutz sehr willkommen (ein Schirm genügt nicht).

Nicht nur Spaziergänger und Wanderer, auch Radfahrer, da sie ihr Gefährt öfter schieben müssen, sollten auf jeden Fall festes Schuhwerk tragen: Die Wege durch den Sumpfwald bleiben auch lange nach Niederschlägen stellenweise stark verschlammt.

Reisezeit

Wie so oft, sind auch hier der Frühling und der Herbst die schönsten Reisezeiten. Das kontinentale Klima bringt es aber mit sich, daß der Frühling etwas später in den Spreewald einzieht; dafür tragen oft im Spätherbst die Bäume noch immer ihr dichtes grünes Laub.

Wer den Trubel nicht liebt, sollte besonders an Wochenenden die Häfen von Lübbenau und Burg lieber meiden und in die ruhigeren Orte Alt Zauche, Straupitz oder Vetschau ausweichen.

Sorbisch

Sorbisch, die Sprache der slawischen Wenden (oder Sorben), gehört zur westlichen Gruppe der slawischen Sprachen.

Jahrhundertelangen Germanisierungsbestrebungen zum Trotz, hat die sorbische Kultur und Sprache ihren Stellenwert in der Region bewahrt. Selbst das Verbot des Sorbischen während desNationalsozialismus konnte die Sprache nicht ausrotten. Das Obersorbische, das im Raum Bautzen gesprochen wird, besitzt Gemeinsamkeiten mit dem Tschechischen, das Niedersorbische mit dem Zentrum Cottbus hat dagegen mehr Gemeinsamkeiten mit dem Polnischen.

Präsent ist das Sorbische, das heute noch von etwa 40 000 Menschen beherrscht wird, vor allem in Ortsnamen, geographischen Bezeichnungen und Familiennamen. Die im Spreewald häufigen Namen Noack, Nowak oder Nowotnik haben im Wortkern das sorbische Wort **nowy**, das »neu«, also einen Neusiedler (»Neumann«), bedeutet. Stary, Starick oder Starost dagegen bezeichnete einen Alten, einen Altbauern. Konzack oder Nakonzer hieß derjenige, der an einer Ecke oder am Dorfende wohnte. Auch der alte Name Polenz (vgl. Pohlenzschänke) ist sorbischen Ursprungs: Er geht auf **polo** (das Feld) zurück. Jemand mit dem Namen Koschmann hatte sicher einen Korbflechter als Vorfahren (**kosch,** der Korb). Und in dem hübschen Namen Kuschel versteckt sich das sorbische Wort für Spinnrocken oder Lockenkopf.

Storchkalender

In Schlepzig werden laufend die Bestände des Weißstorchs beobachtet und die Daten seines Aufenthalts festgehalten. Anfang April: Ankunft und Nestbau; 12. April: Eiablage; 15. Mai: Ende der Brutzeit und Schlupf der Jungen; 5. Juni: die Jungen können stehen; 10. Juli: erste Flugversuche; 17. Juli: erste Flüge mit den Eltern; 13. August: erste selbständige Nahrungssuche; Ende August: Abflug zu den Sammelplätzen.

Telefonieren

Der Ausbau des Telefonnetzes in den neuen Bundesländern und die Einführung neuer Teilnehmernummern werden noch eine Weile dafür sorgen, daß eine eben noch gültige Telefonnummer ohne Anschluß bleibt. Da bleibt dann nichts anderes, als eine Auskunftsstelle anzurufen.

Tiere

Einige Hotels erlauben das Mitbringen von Haustieren, wenn auch nur nach vorheriger Anfrage. In jedem Fall sollte man sich vor der Buchung nach der Tierfreundlichkeit des Hauses erkundigen.

Wirtschaft

Selbst in den schwierigen Zeiten nach der Wende bleibt die Landwirtschaft der wichtigste Erwerbszweig im Spreewald. Jagd, Fischerei und Waldbau haben gegenüber früher an Bedeutung verloren.

Zunehmendes Gewicht gewinnt das Tourismus- und Erholungswesen. Jährlich kommen über zwei Millionen Besucher in den Spreewald, die meisten aber nur für einen Tag (nur 14 Prozent bleiben länger). Etwa zehn Prozent der Bevölkerung erzielen heute Einkommen aus dem Fremdenverkehr.

Der industrielle Schwerpunkt der Region ist immer noch, auch nach der Schließung der Kraftwerke Lübbenau und Vetschau, die Energie- und Kohlewirtschaft. Die Lausitzer Braunkohle AG fördert in fünf Tagebauen jährlich etwa 60 Millionen Tonnen, bewegt dabei 340 Millionen Kubikmeter Abraum und hebt 380 Millionen Kubikmeter Grundwasser (1994).

Winterliches Idyll – Schlittschuhläufer in der Abendsonne

Um 130 000 v. Chr.
Gletscher schieben die Hügelkette südlich des Spreewalds auf.

Um 20 000 v. Chr.
Die »Lieberoser Hochfläche« im Norden und das Urstromtal der Spree entstehen.

Ab 8000 v. Chr.
Besiedlung während der Mittleren Steinzeit (Gräberfunde sowie Werkzeuge aus Feuerstein und Knochen).

Seit 1200 v. Chr.
In der Bronze- und der Jüngeren Eisenzeit werden Dörfer mit bis zu 3000 Bewohnern angelegt. In den nächsten Jahrhunderten scheint der Spreewald jedoch unbewohnt.

Bis 600 n. Chr.
Vorübergehend siedeln sich während der Völkerwanderung germanische Stämme an, im 7. oder 8. Jh. jedoch westslawische Völker (Lusici) in dörflichen Fluchtburgen und Rundwällen.

10. Jahrhundert
Germanisierung und Eingliederung der Lausitz ins Deutsche Reich.

1004
Schlepzig wird als »Slopisca« in einer Urkunde des Klosters Nienburg an der Saale erwähnt.

1136
Das Adelsgeschlecht der Wettiner erhält die Lausitz als Lehen.

Erste Hälfte 12. Jahrhundert
Zustrom bäuerlicher Siedler aus Flandern, dem Rheinland, Franken und Sachsen. Zahlreiche neue Dörfer werden gegründet, alte erweitert.

Mitte 12. Jahrhundert
Lübben wird 1150 zum ersten Mal urkundlich erwähnt, Cottbus 1156.

12./13. Jahrhundert
Waldrodungen im Südwesten; der Spreewald selbst ist noch völlig bewaldet.

1304
Brandenburg kauft die Lausitz von den Wettinern.

1350
Erstmalige Erwähnung der Pest in Lübben.

1315
Erste urkundliche Erwähnung der Ortschaft Burg.

1367
Die Lausitz gehört zu den Nebenländern der Krone Böhmens. Nach dem erfolglosen Rückeroberungsversuch bleiben 1462 nur Cottbus und Peitz bei Brandenburg.

1375
Erste Erwähnung der Stadt Lübbenau, die ab 1621 den Grafen zu Lynar gehört (für den Kaufpreis von 160 000 Talern).

1380
Die Pest wütet in Cottbus.

1428
In einer Urkunde des Abtes Dietrich von Dobrilugk, die Holzrechte betreffend, taucht zum ersten Mal die Bezeichnung »Spreewald« auf.

1430
Sorbisch wird als Gerichtssprache in Lübbenau verboten.

19. September 1468
Ein Blitzstrahl löst in Cottbus ein Großfeuer aus, das die ganze Stadt

in Schutt und Asche legt. Kaum ist sie wieder aufgebaut, brennt sie 1479 erneut völlig nieder.

1494
Lübben wird bis auf vier Häuser durch einen Brand zerstört.

1520
Gründung des Königlichen Eisenhüttenwerks in Peitz (»Eisenhammer«, für den etwa zwei Jahrzehnte später der Hammergraben angelegt wurde).

1531
Erste Erwähnung einer Apotheke in Cottbus, die aber wohl nur eine Offizin für Kräuter und Weine war.

1540
Bau des ersten Schlosses in Vetschau.

Um 1554
Beginn der Bauarbeiten für die Festung Peitz, Anlage der Wassergräben und Errichtung des Hammerwerks zur Munitionsherstellung.

1558
Die toskanische Familie Lynar (Linari) kommt über Frankreich nach Deutschland. Im Jahr 1621 erwirbt Elisabeth zu Lynar die Standesherrschaft Lübbenau.

1559–1595
Bau der Festungsanlagen in Peitz.

1618–1648
Der Dreißigjährige Krieg verwüstet die Lausitz. Die Bewohner flüchten in den unzugänglichen Spreewald.

1635
Die Lausitz wird formell Kursachsen unterstellt.

1650
Der letzte Bär im Spreewald.

1669
Paul Gerhardt, Barockdichter, wird Gemeindepfarrer in Lübben.

1687
Im Spreewald werden 27 Wölfe geschossen (1844 der letzte).

30. Januar 1694
Einweihung der »Doppelkirche« in Vetschau.

1703
Die Lübbener können nach einem Dammbau zum ersten Mal über Land ins Nachbardorf Boblitz gelangen.

1725
Der preußische König Friedrich Wilhelm I. siedelt Bauern in Burg an, nach ihm Friedrich der Große gediente Veteranen (»Kolonisten«).

1746
Der letzte Elch im Spreewald wird erlegt.

1748
Gründung der Leinen-»Fabrique« in Burg. 1770 kommt die Bleiche hinzu. Die Leinenweberei blüht in Burg noch bis 1889 und stirbt 1948 endgültig aus.

1761
Am 21. März wütet ein Großbrand in Cottbus. Seitdem dürfen die Dächer nicht mehr mit Stroh gedeckt sein und Häuser müssen aus Ziegelsteinen errichtet werden.

1766
Straßenbeleuchtung in Cottbus: Laternen auf 131 Holzpfählen, insbesondere vor den städtischen Brunnen.

1772
Der Großvater von Hermann Fürst von Pückler-Muskau läßt das Schloß Branitz bei Cottbus bauen.

1784
Weite Überschwemmungen im Spreewald.

1813
Napoleon I. in Lübben. Er lehnt die Verteidigung der Stadt wegen der sumpfigen Umgebung ab.

1815
Im Wiener Frieden fällt die sächsische Niederlausitz an Preußen.

1817–1820
Das heutige Schloß Lübbenau wird im Renaissance-Stil erbaut und der Schloßpark als Englischer Garten umgestaltet.

Anfang 19. Jahrhundert
Hermann Fürst von Pückler-Muskau legt seine Pläne für den Muskauer Park in einem Brief an die Bürgerschaft dar.

1824
Erster Briefkasten an der Post in Lübben.

2. Mai 1828
Grundsteinlegung für die Schinkel-Kirche in Straupitz (Einweihung 1832).

1845
Der mittelalterliche Postkutschenweg von Cottbus nach Lübben wird zur festen Straße ausgebaut (heute B 115) und bis nach Berlin verlängert (heute B 96).

1848
Während der 48er Revolution Volksversammlungen und Demonstrationen in Lübbenau und Cottbus.

Mitte 19. Jahrhundert
Beginn des Braunkohleabbaus in der Lausitz.

Zweite Hälfte 19. Jahrhundert
Viele sorbische Bauern fliehen vor dem Elend und wandern nach Australien und Amerika aus.

1860
Einstellung des gewerbsmäßigen Weinbaus am Spreewald, der seit dem 16. Jh. betrieben wurde, obwohl der Wein keinen besonders guten Ruf hatte.

1865
Bau der Eisenbahn und ab 13. Sept. 1866 regelmäßiger Bahnverkehr zwischen Cottbus und Berlin (1988 Elektrifizierung der Strecke).

1877
Erstes Telefon in Cottbus. Aber erst 1889 beginnt der regelmäßige Fernsprechverkehr zwischen dem Spreewald und Berlin.

1886
Am 22. Sept. Gründung des Spreewaldvereins zur Hebung des Fremdenverkehrs.

1887
Telefonverbindung von Burg nach Werben und Fertigstellung der Straße nach Cottbus.

1893
Im Mai fährt das erste Auto, von Forst kommend, durch Cottbus, Lübbenau und Lübben.

1898
Jungfernfahrt der festlich geschmückten Spreewaldbahn (bald »Spreewald«- oder »Bimmelguste« genannt) am 29. Mai.

1907
Gegen die Hochwassergefahr im Spreewald werden bis 1914 zahlreiche Stau- und Wehranlagen gebaut.

1912
Gründung des sorbischen Dachverbands Domowina. Bau des Burg-Lübbener Kanals.

1933–1938
Durch den Bau von Deichen wird die Überschwemmungsfläche im Spreewald von fast 25 000 ha auf 5600 ha reduziert.

1937
Die Domowina und jede Öffentlichkeitsarbeit für sorbische Kultur werden verboten, sorbische Lehrer und Pfarrer ausgewiesen.

1939
Bau der Autobahn von Berlin nach Cottbus (jedoch nur einspurig) und der Autobahn von Lübbenau nach Dresden.

1945
Lübben und Cottbus sind durch Kriegseinwirkungen zu 85 Prozent zerstört. In diesem Jahrhundert hat der Spreewald nur noch 15 Prozent seiner ursprünglichen Waldfläche.

1949/50
Der Bau des Nordumfluters wird begonnen.

1957
Am 23. Okt. wird der Grundstein für das Kraftwerk Lübbenau gelegt (Leistung 1964: 400 Megawatt).

1952
Die SED schafft die traditionellen fünf Länder der DDR ab.

1958
Baubeginn am Südumfluter. Beginn der Kampagne für die Landwirtschaftlichen Produktionsgenossenschaften (LPG). Letzte Lebensmittelkarten in Lübben.

1965
Nach siebenjähriger Bauzeit ist die Spree-Talsperre Spremberg fertig (43 Mio. t Speicherinhalt).

1967
Baubeginn am Kraftwerk Jänschwalde bei Peitz (Leistung: 3 Gigawatt).

1970
Letzte Fahrt der Spreewaldbahn »Bimmelguste«.

1975
In diesem Jahr kommen erstmals mehr als eine Million Touristen in den Spreewald.

1989
Auch in Cottbus Montagsdemonstrationen (erstmals am 30. Okt.).

1990
Erste freie Wahlen in der DDR. Wiederherstellung der historischen Länder.

Ab 1992
Vierspuriger Ausbau der Autobahn A 15.

1995
Bundesgartenschau in Cottbus. Ausbau des fast hundertjährigen Elias-Parks zu einem Ensemble mit Tierpark und Branitzer Park.

1996
Am 30. Juni Stillegung der Kraftwerke Lübbenau und Vetschau und des Tagebaus Seese-Ost.

Hier finden Sie die in diesem Band beschriebenen Orte und Ausflugsziele. Außerdem enthält das Register wichtige Stichworte sowie alle Tips dieses Reiseführers. Wird ein Begriff mehrfach aufgeführt, verweist die **fett** gedruckte Zahl auf die Hauptnennung. Die **Buchstaben-Zahlen-Kombinationen** verweisen auf die Karten.

An unsere Leserinnen und Leser:

Wir freuen uns, Ihre Meinung zu diesem Reiseführer zu erfahren. Bitte schreiben Sie uns, wenn Sie Berichtigungen und Ergänzungsvorschläge haben oder wenn Ihnen etwas besonders gut gefällt:

Gräfe und Unzer Verlag
Reiseredaktion
Stichwort: MERIAN live!
Postfach 40 07 09
Isabellastraße 32
80707 München

Lektorat: Jochen Schürmann
Bildredaktion: Christof Klocker
Kartenredaktion: Elisabeth Jenni

Gestaltung: Ludwig Kaiser
Umschlagfoto: M. Peuckert/Frauen in sorbischer Tracht
Karten: Kartographie Huber
Produktion: Helmut Giersberg
Satz: Hubert Feldschmied
Druck und Bindung: Appl, Wemding
ISBN 3-7742-0539-6

Fotos
Alle Fotos M. Peuckert
außer
E. Pansegrau 13, 17, 37, 60, 67, 71, 80, 82, 83, 91, 106, 108, 111

Dieses Buch wurde auf chlorfrei gebleichtem Papier gedruckt

1. Auflage 1996